哲学有什么用？

日常
人文课

WHAT WOULD NIETZSCHE DO?

[英国] 马库斯·威克斯 著
MARCUS WEEKS
吴培瑜 译

译林出版社

图书在版编目（CIP）数据

哲学有什么用？ /（英）马库斯·威克斯（Marcus Weeks）著；吴培瑜译.—南京：译林出版社，2021.9（2022.1重印）
（日常人文课）
书名原文：What Would Nietzsche Do?
ISBN 978-7-5447-8767-3

I.①哲… II.①马… ②吴… III.①哲学－通俗读物 IV.①B-49

中国版本图书馆 CIP 数据核字（2021）第 120422 号

著作权合同登记号 图字：10-2018-528 号

哲学有什么用？［英国］马库斯·威克斯 / 著 吴培瑜 / 译

责任编辑 张海波
装帧设计 尚燕平
版式设计 黄 晨
校 对 戴小娥
责任印制 单 莉

原文出版 Cassell，2017
出版发行 译林出版社
地 址 南京市湖南路 1 号 A 楼
邮 箱 yilin@yilin.com
网 址 www.yilin.com
市场热线 025-86633278
排 版 南京展望文化发展有限公司
印 刷 徐州绪权印刷有限公司
开 本 880 毫米 × 1230 毫米 1/32
印 张 8.125
插 页 2
版 次 2021 年 9 月第 1 版
印 次 2022 年 1 月第 2 次印刷
书 号 ISBN 978-7-5447-8767-3
定 价 48.00 元

生活要反思，处处需哲思

复旦大学哲学学院教授、博士生导师　徐英瑾

大家目前所看到的这本书，是英国通俗哲学作家马库斯·威克斯（Marcus Weeks）的作品《哲学有什么用？》。此书的英文原书名是《尼采会怎么做？》（*What Would Nietzsche Do?*），但考虑到本书涉及的哲学家远不止尼采一人，为了避免误解才将书名更改为现在的样子。此类哲学普及作品，威克斯还写了不少，如《让自己变得聪明一点：哲学卷》、《哲学条目速解秘笈》等。

哲学的入门书不少，这本书的特色又是什么呢？

我个人认为，本书的特色在于：其哲学知识的组织形式既有别于学院哲学，又不失与学院哲学的关联。由此，本书基本上是觅到了"对一般读者友好"与"知识准确"这两个要求之间的中道。一般而言，学院意义上的哲学知识分类方式如下：形而上学（讨论"世界中究竟存在着什么？"）、知识论（讨论"我们人类究竟能够认识到什么？"）、伦理学（讨论"行事对错之标准为何？"）、美学（讨论"审美之标准为何？"）——然后再在上述大的哲学部类的基础上开出政治哲学、科学哲学、心灵哲学、语言哲学、宗教哲学等衍生性哲学分支。不难看出，这样的哲学分类方式对一般读者而言的确有点"界面不友好"，很难激发一般人了解哲学的兴趣。

威克斯切入哲学知识的方式要"亲民"得多。他先对哲学知识的客观分类法则进行"悬置"，然后将自己设想为一位普通的现

代白领，盘点这样的一位白领在生活中可能遇到的林林总总的困难，最后再从哲学的武器库里倒找思想资源予以解决。

那么，现代人会在生活中遇到怎样的困难呢？由小到大，由近及远，作者大约将其归纳为以下几类。

第一，人际关系中可能遭遇的困惑，比如：如何走出失恋？因为空调温度设置的问题与伴侣拌嘴，是否值得？第二，职场中可能遭遇的困惑，比如：为了自己的前程损害同事的利益是否值得？为何我天天996只能勉强糊口，别人却可以日进斗金？第三，在生活方式上可能遭遇的困惑，比如：我如何安顿我的宗教信仰，并用其指导我的生活？我该如何看待死亡？第四，在安排闲暇时可能遭遇的困惑，比如：在休息日有限的时间内，我究竟该选择去看高雅而有内涵的莎翁名剧，还是去看动漫？第五，政治生活中可能遭遇的困惑，比如：我该如何让自己的声音被官方听到？我该如何应对税收与复杂的外部规则？

这个解决问题的次序，其实颇有儒家所说的“修身、齐家、治国、平天下”的意味，也暗合黑格尔在《法哲学原理》里对于“伦理生活”之三环节的描述：家庭、市民社会与国家。换言之，一个人在家里是丈夫/妻子/儿女/父母（对应于“家庭”这一环节），在市场中是雇主/雇员/消费者/服务者（对应于“市民社会”这一环节），在政治生活中则是公民（对应于“国家”这一环节），因此，现代人所遭遇的烦恼与问题基本上也来自这三个方面。而作者关于闲暇与生活方式的讨论，则为上述三个环节增加了两个新的维度，即美学与宗教哲学维度。合起来看，这本书的内部知识分类原则其实分别对应了学院哲学的五个部类：第一，人际关系——对应伦理学中处理私人关系的部分；第二，职场关系——

对应伦理学中处理公共关系的部分，加上部分政治经济学的内容；第三，生活方式——对应宗教哲学；第四，闲暇——对应美学；第五，政治——对应政治哲学。

对于中国读者来说，作者在本书第三章（“生活方式”）中所做的讨论看上去可能会有点让人费解，因为大多数国人都是无神论者，很少会集中精力思考诸如“上帝是否存在”这样的问题，遑论思考此类问题与日常生活的关系。但是，只要稍微置换一下问题的提出方式，我们自然也会感到某些具有同样抽象层次的问题与我们日常生活的关联。譬如，受到佛教文化潜移默化的影响，“好人有好报”乃是很多国人笃信的生活原则，而这项原则背后的准宗教假设，便是认定世界本身有一种关于行为与其后果之间因果关系的“自动匹配模式”。但是在现实生活中，我们经常看到好人没有得到好报，而这种观察自然就会动摇不少人对于世界自身的“福报配置模式”的信仰，由此反过来影响个体的行为。同样的观察则在西方世界中引发了基督徒对于上帝信仰的动摇，并由此影响了其个体的行为指向。从这个角度看，那些貌似玄而又玄的准宗教式思考，的确与我们的日常作息有着微妙的关联，切不可小看之。只是东西方文化背景不同，中国读者阅读西人所著的生活哲学，需要自行变通罢了。

本书另外一个特色，便是通过大量的插图将玄妙的哲学道理予以“可视化”，大大增加了阅读的趣味。希望读者们能够边看边想，联系实际，尽情享受思辨的快乐。

2021 年 7 月 20 日

目录

前　言

我们时不时地会需要一些建议，因为生活总是充满了大大小小的矛盾，其中一些矛盾很重大，而另一些则微不足道。在面对它们的时候，我们总是需要一些思考或是指导，而一说到思考，最精于此道的则非伟大的哲学家们莫属。问题是，哲学家们普遍执迷于那些大问题，诸如生命、宇宙乃至万物，而对于那些日常生活中的小问题，我们很少能从他们的智慧中受益。

所以，我们并不能十分确定哲学家们会在这些问题上给出什么样的解答，但至少可以对每个思想家看待问题的方式有一个相当中肯的把握。这就是本书的主旨。当面对现代社会的人际关系、工作、生活方式、闲暇和政治等现实问题时（我们往往会与朋友、家人或者杂志专栏的知心姐姐讨论这些问题），伟大的思想家（本书涉及的思想家不限于尼采，尽管他的观点会经常出现）会给出什么建议？

尽管这些问题的“哲学性”不是很强，但是，和几乎所有问题一样，它们都可以从哲学的角度来切入。因此，你可能会发现，有些哲学家会把某个问题当作跳板，借其跳入更深的水域，进而探索矛盾背后的潜在含义，此外，他们中的许多人还会将这些问题与自己的学说和理论联系起来。

通常情况下，你所遇到的困境并不存在唯一的解决方法，不同的哲学家可能会给出相互冲突的建议，而这也恰恰反映出了哲学的矛盾本性。哲学家们对这些问题的不同态度，不仅为我们在做出决定时提供了选择，而且也使我们洞察到哲学问题的一些不同处理方法。有一些哲学家对哲学的某一特定领域，如伦理学或逻辑学，比其他哲学家更感兴趣。因此，某些哲学家在书的不同章节中会出现得比其他哲学家多，比如马克思在政治问题上可能会比康德更为活跃，而笛卡尔在美学方面的兴趣则比亚里士多德要小一些。当然，也有一些哲学家是常驻嘉宾；例如，雅典的苏格拉底、柏拉图和亚里士多德，他们几乎对任何事物都有自己独到的见解。与之相对，还有一些哲学家总是缺席，但这仅仅是因为他们的哲学观点与讨论的主题不太相关；更何况，由于篇幅的限制，并不是所有哲学家都能够被提及。

集合了这些杰出的思想者，我们便可以得益于各式各样的观点，并享受一场场如临其境的辩论盛宴。在这些讨论中，一些哲学家会是主要参与者，代表了一些重要的哲学思想流派。然而，本书并不是一本哲学教科书，作者也并不想假装自己对哲学史进行了全面的考察，所能做的仅是结合日常生活问题将一些哲学思想引荐给读者。你也有可能发现，哲学不仅限于思想，当你思考各种思想家提出的论点时，你也会注意到他们各自的性格差异：从烦人的苏格拉底，到理想主义的柏拉图和平淡无味的亚里士多德，再到调皮的马基雅维里、一本正经的康德、脾气暴躁的叔本华、反对偶像的尼采等。一些哲学家会给人以一种亲切感，而另一些则不那么有吸引力。你甚至可能会发现，自己可以在倾听不同观点的同时保留自己的意见，或者相反，尽管你认为这个哲学家的论点很有说服力，但是他的人格并不吸引你。这将会是一本为你量身定制的哲学生活指南。

第一章：人际关系

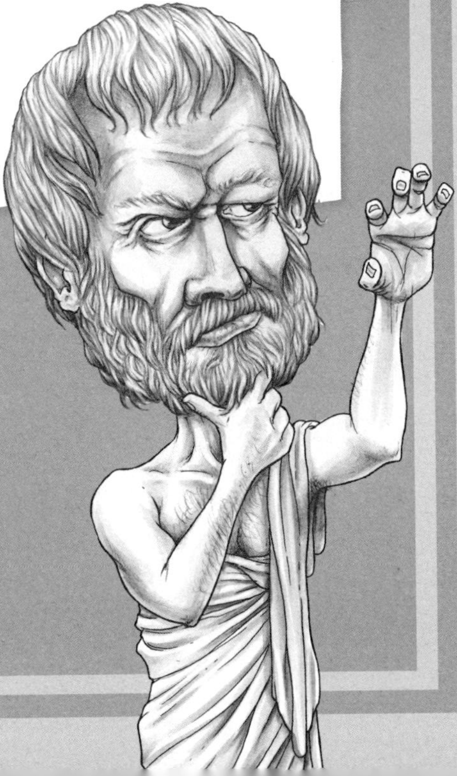

闺蜜的老公出轨了——我该不该告诉她？

康德 ‖ 边沁

你确实正身处窘境：你的闺蜜丝毫没有察觉到她老公的出轨行为，你也不知道自己是否该打破她的美好幻想。当然了，直截了当地撒谎肯定会让你觉得非常不自在，可是对她有所隐瞒也一样会使你心里不舒坦。你感觉到自己有义务对她开诚布公，但是你也知道这会伤害到她，此外，你并不清楚她将对此做何反应。如此看来，你似乎说也不是，不说也不是；但是，不管做何决定，你总是想让她明白：你完全是出于一番好意而为之。

在这类问题上寻求哲学家们的指点，反而将我们领向了更深涩的哲学的根本问题：我们该如何判断一个行为在道德上是否正确？所以，我们就别指望会有什么简单轻松的回答了。

也许像大多数人一样，你从小就被教育成相信说谎是不对的，这道理简单明了。你必须始终说真话。还有比这再清楚不过的吗？这种观念在哲学中被称作义务论（deontology），即存在着绝对的道德法则，并且我们有义务去遵守它们，一旦你违反

存在着诚实的尺度吗？

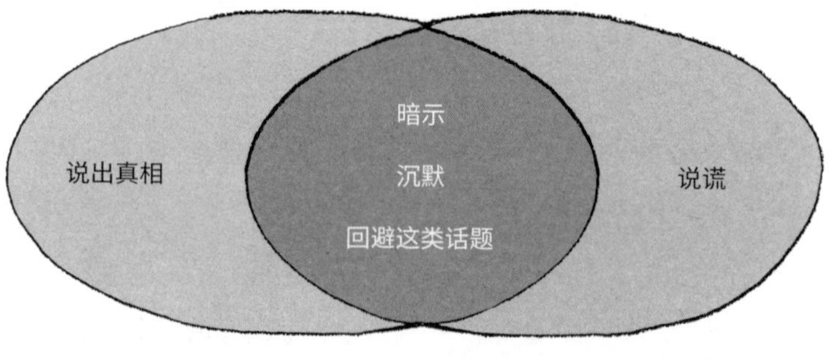

了这些法则，那么你的行为在道德上就是不正确的。这条道德进路最著名的提倡者便是**伊曼纽尔·康德**（Immanuel Kant，1724—1804），他总结上述观念并冠名为“绝对律令”（categorical imperative）：你只有在希望你的准则成为一条普遍法则时，该准则才能成为你行动的依据。也就是说，如果你认为一些行为（比如说谎）是普遍错误的，那么不管在什么情况下，它都将无一例外是错的。

基本哲学问题

我们是否有义务始终说真话？抑或是，有时沉默、隐瞒甚至说谎也是无可厚非的？

这样一种黑白分明的进路似乎非常直接，然而，是否可能存在一些灰色地带呢？如果你的朋友直截了当地问你她老公是否出轨了，那么你就有道德义务说出真相。但如果她没有那么做……你实际上就并没有说谎，可是你也没有说实话。抑或道德法则的意思可能是：你不该隐瞒真相？或者，你应当告诉所有人你所知道的一切？即便你所说的与其毫不相关？

真相与后果

既然遵守道德法则未必是解决上述难题的简便方法，那么你或许想要尝试一条与之完全不同的进路：结果论（consequentialism）。

（我发誓说出）真相、全部的真相，除真相以外无他。

——摘自法庭证人给出证词前的宣誓

> 除非我也希望我的准则成为一条普遍法则，否则我决不当有所行动。
>
> ——伊曼纽尔·康德

顾名思义，它根据行为的结果来判断该行为在道德上是否正确。这种观念是自文艺复兴以来的许多道德哲学的基础，并且尤其与传统宗教用于评判是非对错的“戒律”（commandments）形成对比。其中，与我们上述难题尤为相关的是**杰里米·边沁**（Jeremy Bentham，1748—1832）的观念：评估行为的“功效”（utility），权衡该行为将会导致多大程度的幸福与伤害。就你的处境而言，你将会考虑一切说出或者不说出真相的可能结果，并根据其可能带来的当下的和长远的好处或坏处做出自己的决定。如此一来，你或许会选择隐瞒真相，甚至可能会说一个“善意的谎言”来保护你的闺蜜（同时理直气壮地撕毁所谓道德法则），抑或是，为了她的利益着想，你更希望她能承担起痛苦的现实而非活在谎言之中？

说到这儿，你会慢慢开始发现：我们不仅仅是在思考行为的结果，其实也在思考行为背后的意图和动机。这类哲学领域被称为德性伦理学（virtue ethics）。与结果论相似，德性伦理学会根据具体的个别情况谈论道德，但是，比起独立的行为，德性伦理学考察的对象是行为者的“德性”（virtue）。也就是说，比起规定行为的对错，我们更关注抉择背后的动机：比如，是利己的还是利他的，这基于人们内心主观的道德理解。所以，你如果做出某个行为，并且发自内心地相信在特定的情况下这么做是正当的，那么即便撒了谎、即便事态完全不称人意，你的行为依旧是道德的。不管你最终做出了什么样的决定，你曾为自己的抉择苦苦思索的事实已然成为你的个人道德的写照。

抉择时刻

你也许会像康德那样，认为对朋友保持诚实是你的义务，哪怕这会令人痛苦。可是，如果你只是避免向她提及这件事，这会是完全意义上的诚实吗？边沁会力劝你审视说出真相与否的可能结果：或许你的朋友宁愿知晓实情。

我该如何走出失恋?

波爱修斯 ‖ 波伏瓦 ‖ 伊壁鸠鲁 ‖ 季蒂昂的芝诺 ‖ 佛陀 ‖ 叔本华 ‖ 尼采

你现在的境况很糟糕：这个世界上你最在乎的人已然离你而去。当然，世界并未因此而终结，它只是看上去如那般罢了。对你而言，其余的一切都不重要了。尽管你不想如此沉沦，但是悲痛似乎没有尽头，不仅如此，你也不明白试图去终结这份悲痛意义何在。老实说，对于现在的你而言，一切都丧失了意义。那么，当你的世界已然崩溃，你该如何继续自己的生活呢？你现在所承受的这一切痛苦又有什么意义呢？

好吧，这是一个需要认真对待的问题。尽管并非生死攸关（尤其对于旁观者而言），但是如人饮水，冷暖自知。由于这种经历具有普遍性，所以你可以指望大部分哲学家就此给出一些好的建议。古罗马思想家**波爱修斯**（Boëthius，480—524）就写过一本名为《哲学的慰藉》（*The Consolation of Philosophy*）的书，这个书名会让我们怀有一种“哲学家们也许会有点好主意”的期待，但事实是：波爱修斯只是建议我们将心灵朝向更高的事物。此外，正如他们对待其他问题一样，哲学家们一如既往地对“如何应对心灵的创痛”这个问题各持己见。这些形形色色的观点可被归纳为以下三大阵营：“振作起来，继续生活”，“默默承受苦难”以及“苦难会让你成为更优秀的人”。

基本哲学问题

受苦的意义何在?
我们何以从苦难中受益?

法国哲学家**西蒙娜·德·波伏瓦**（Simone de Beauvoir，1908—1986）或

许能成为指引你的不错人选（如果你是女性，那么更是如此）。在作为一位率直而严肃的女性主义者和一位务实的存在主义者之外，波伏瓦也有着丰富的心路历程，或者至少她的情路历程是丰富的。波伏瓦怀有一种在20世纪中期的女性中间并不常见的“爱他但又不得不离开他”的恋爱观（这种观念在当时的男性中间更为普遍），她可能会劝导你“天涯何处无芳草”。虽然这对于顾影自怜的你而言并没有多大帮助，但是波伏瓦并不仅止于此。早在“个人事务即是政治议题”成为第二次女性主义浪潮的战斗口号之前，波伏瓦就已经在宣讲并践行这样的理念了：男女平等！女人凭什么要受传统女性观念的束缚？

也就是说，你并不能期待从波伏瓦那里获得同情。她很可能会对你说，比起被环境束缚，你更应该镇定下来，然后掌控环境。不论你是男是女，她都会促使你反思你是如何将自己陷入这般悲惨境地的。你曾和占据你生命中大部分意义的人有一段浪漫的感情，但是现在这段感情结束了……你还指望什么呢？生活中还有其他同等重要的事物，而你还有追求它们的机会。最终，并不是他人赋予你赖以生存的目的，而是你自己决定自己的幸福与苦难。简单来说，波伏瓦会让你克服悲痛，并确保自己不会再受到伤害。但是，这颇有些亡羊补牢的味道，并且对于正试图从伤痛中恢复的你而言似乎过于严苛。事实上，现在的你更想知道如何治愈受伤的心。

没有什么比一颗破碎的心更加完整的了。

——梅纳赫姆·孟德尔

作为波伏瓦几千年前的老前辈的古希腊哲学家**伊壁鸠鲁**（Epicurus，公元前341—前270）很可能相当认同她的观点。伊壁鸠鲁的指导性原则是将伤害最小化（并不是常人所理解的那样单纯地追求愉悦），所以他并不会就你所承受的这些痛苦给予你过多的同情。但是，比起日思夜想加深痛苦，伊壁鸠鲁会建议你寻求减轻痛苦的方法，具体来说，就是平息那些使你痛苦的欲望。如此一来，你就可以开始探寻真正能为你带来快乐的事物，并且知道如何避免那些会伤害你的欲望。

克服痛苦

伊壁鸠鲁的劝导虽然可能是出于好意，但似乎并不能缓解你目前所处的状况。如果你想要一些更实在的克服痛苦的方法，也许斯多葛学派的一员能够帮上你的忙。另一位古希腊哲学家，斯多葛学派的创始人，**季蒂昂的芝诺**（Zeno of Citium，公元前334—前262）认为自己找到了通向心灵平静的道路；这么说来，他似乎是个不错的选择。然而，由于芝诺本人过于注重实际和美德，甚至已经到了可谓严苛的程度，所以他的建议或许会有些难以接受。芝诺会告诉你，生活就是不管发生什么，都应与自然和谐一致。你既不能因坏事而过于悲伤，也不能因好事而过于兴奋。总之，想要改变自己力所不能及的事物只会让你焦虑和苦恼。

想要医生治好你，首先得袒露出你的伤口。

——波爱修斯

但是，你如果想要博得同情，就最好转向更具宗教性的人物。比如**佛陀**（Buddha，约生活在公元前6—前4世纪）。从他那安详的笑容里，我们甚至都能感受到他的慈悲。佛陀确实会予你以同情，因为对于充斥着人世间的苦难，他是再熟悉不过了。相应地，佛陀也知晓一条超脱之路。他会对你说，他深深地理解你现在的遭遇，此乃求而不得之苦。的确，你失去了心爱的人，但是，即便依旧拥有他/她，你也得不到满足。你如果想真正从苦难中解脱，就不能执着于外物。接着，佛陀会传授你“八正道”[1]（佛教徒的理想生活指南）来帮助你超脱使你深陷苦境的、难以满足的欲望。奉行这八正道，心灵就能获得恒久的宁静。

早在印度哲学随着嬉皮士而风靡于西方之前，德国哲学家**阿图尔·叔本华**（Arthur Schopenhauer，1788—1860）就已为之所倾倒，并从中借鉴了一些观念形成了他自己的世界观。然而，除非你只是想默默地沉浸在自己的悲伤之中，叔本华或许并不是你的最佳人选：他极有可能是史上最阴郁、最悲观的哲学家。像佛陀一样，叔本华也意识到世间总是充满了痛苦，但是他会告诉你试图摆脱这痛苦只是徒劳。你想疗愈自己受伤的心？别白费力气了。

[1] 八正道，亦称八支正道、八支圣道或八圣道。意谓达到佛教最高理想境地（涅槃）的八种方法和途径，具体包括：正见、正思维、正语、正业、正命、正精进、正念、正定。——译注

这世上充满了不幸，对此你无能为力，只能暂且沉浸在音乐或哲学中聊以自慰。不管你做什么，都将以悲剧告终。习惯就好——这就是人类的生存处境。

苦难经历的积极意义

也许你能从**弗里德里希·尼采**（Friedrich Nietzsche，1844—1900）那里获得最积极的建议。尼采早年丧父，随后又相继经历了信仰危机和被心上人拒绝的悲痛。因此，对于心碎之苦，尼采深有体会。然而，尽管生活充满了不幸，尼采还是从中发展出了一种积极向上的哲学。当许多怀有坚定宗教信仰的哲学家转向其信仰寻求安慰时，尼采却否认我们所受的苦难来自上帝的意志。相应地，他更赞成叔本华，认为我们生活中的一些痛苦是不可避免的。但是，在尼采看来，我们应将这些痛苦视作机遇而非拖累。因此，他会在一定程度上同情你的遭遇，并会试图让你明白，这是人之为人所必须经历的。然而，尼采并不只是希望你能从苦难中解脱，他更希望你能从苦难中挖掘出意义。就尼采自身的经历而言，他会说，痛苦是必要的，因为痛苦是对生命的认可。那些值得我们为之拼搏的事物，包括随之而来的挫折与磨难，都能够使我们更加珍视最后所获得的成就。只要我们怀着正确的心态，生活的每一次磨难都会让我们越发强大，我们也因此更有能力去过我们所想要的生活。可是，千万别去翻阅尼采的生平传记，因为你会发现：尼采从未真正从

> 没能毁灭我的，只会让我更强大。
>
> ——弗里德里希·尼采

被心上人拒绝的痛苦中走出来。最终，尼采在精神失常与梅毒病的折磨下离开了人世，时年55岁。

抉择时刻

你觉得波伏瓦的观念（走出分手之痛的方法就是将其遗忘然后继续生活）正确吗？还是说你更倾向于芝诺、佛陀和叔本华他们的看法：你如果非要谈恋爱，就会不可避免地经受伤害与磨难？如果你曾切身有过心碎的经历，你是否会赞同尼采，认为经历苦难能够丰富和充实你的生活，并对你的未来有所帮助？

我因为暖气温度的设置与我的伴侣陷入了冷战

普罗塔哥拉 ‖ 柏拉图 ‖ 伯林

你想把房间维持在一个美好而适宜的温度，比方说20度吧。可是，你时不时地发现，尤其是天气渐渐转冷的时候，房间的温度会被调到差不多有25度。虽然无人作声，但是你知道你的伴侣偷偷地调高了温度（即便你一次又一次地把它调回恰当的数值）。与此同时，你的孩子们觉得你所偏好的那个温度热得违反了自然规律，并且让你多穿些衣服来保护地球。不管怎么说，你还是确信存在着这样一个“黄金温度带”：既不太冷，也不太热，其实，差不多也就是20度吧。

上述情境属于那种无休止的争论。你有这样一个观念：房间的适宜温度差不多是20度，可是你的家人对此持反对意见。你的伴侣觉得20度有些冷，而你的孩子们则觉得根本没必要把温度调这么高。你尽可以同他们争个面红耳赤，但这并不能改变他们的想法。可是，总不见得你们每个人都是正确的吧？

事实上，**普罗塔哥拉**（Protagoras，公元前490—前420）会说，你们也许真的可能都是正确的。他会指出，你的看法只不过是对你自己有效的一种观念——这是你从自己的视角所看到的对事物的认识。但是，这样一来你也不得不承认：你的伴侣同样有权拥有自己的看法。20度对于你的伴侣而言就是不够暖和，你又有什么资格说他/她是错的呢？你们的看法对于你们各自而言难道不是同等合理的吗？

“是啊，的确。”你或许会这样回答。如果他/她对适宜温度的看法能够始终如一，那你也认了，可是大冬天的他/她又把屋子

> 绝对的相对主义，与怀疑主义无甚差别，在当今的语境下，象征着理性推理的至高胜利。
>
> ——米格尔·德·乌纳穆诺

里的暖气开得比夏天还热。而到了春天一起外出散步的时候，你们俩又一致认为此时的阳光温暖宜人，我的老天，那不就是20度吗？！

你没有抓住重点，普罗塔哥拉会如此反驳，这与你的伴侣对适宜温度的看法是否始终如一没有丝毫关系，这关乎他/她自己对于冷热的切身体会，而非客观的气温刻度。普罗塔哥拉会给出一些例证让其主旨更为显豁一些：就好比你到埃及度假去看金字塔，还记得吗？那里可热了，酷热难当，即使过了两周你也觉得难以适应，然而，当你回到家中，哪怕天气挺暖和的，你也会觉得有

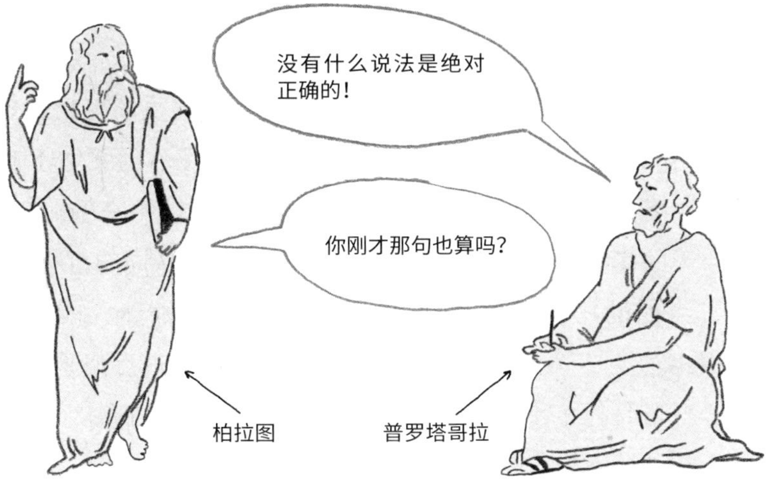

些寒冷。你看，一切都是相对而言的。冷热并不依据于任何一个绝对的气温测量标准，而是相较于你在开罗感受到的炎热，你回家后才会觉得寒冷。这些感受全部出自你的主观视角。

再举个例子：你正在洛杉矶享受着令人愉悦的午后阳光（温度差不多是20度吧，随你喜欢），此时你碰见了一些来到这座城市参观的游客。来自阿拉斯加州的家庭穿着短裤和T恤，想要觅得一处阴凉地，而来自伊拉克的家庭则穿着长袍、戴着围巾挤作一团（你的孩子们可能会说这些伊拉克人才有着关于保暖的正确理念）。

你不能指责这些游客在对冷热的感受上是错误的：他们就是那么觉得的。和你一样，他们每个人都有一种自认为合理的观念。普罗塔哥拉会说，还有好多其他的事物也是相对的，没有必要非得争出个是非所以然来，每个人都有权在口味、感受以及道德问题上各持己见。你的看法、你的观念取决于你生活的环境，就好像那些来到洛杉矶的游客一样。

所以，虽然你或许觉得吃猪肉和喝酒都是再寻常不过的事，但是一些来自有着严格宗教信条的伊斯兰国家的人可能完全无法接受。或者，尽管你对斗牛这一野蛮行径表示愤慨，一些人却将其奉为一种艺术。总之，你对于寻常的以及可接受的事物的理解（从爱不爱吃辣到对于死刑的看法）根植于滋养了你的文化环境。

普罗塔哥拉曾靠着在古希腊的法庭上替人辩护来维持生计，就像今天的律师一样，他也注定要为一些自己不认同的事物辩护，所以，当他说凡事都有两面的时候，你也许会豁然开朗——毕竟，用**相对主义**（relativism）这个词来理解他的观点似乎略显矫饰。普罗塔哥拉也承认，存在着完全错误的事物。但是，许多人一如既往地断章取义，相对主义，尤其是**文化相对主义**（cultural

> 一个人若是告诉你世界上没有真理，或者一切真理“只是相对的”，其实是在让你不要相信他。那就别信。
>
> ——罗杰·斯克鲁顿

relativism），已然成为一个包容、自由的社会的代名词——这种观念已经演变为一种对于政治正确性的盲目崇拜：它禁止一切对于一些颇为可疑的行为的批判，比如女性割礼。然而，普罗塔哥拉恰恰想要告诫我们的是：不要擅自占领道德的至高点，也不要断定一些事物不言而喻就是错的。这似乎是在暗讽不久以前还在支持奴隶贸易和雇用童工的欧美国家。

一切都是相对的

要想驳倒相对主义似乎并不容易，看起来你并不能在室温之战中得胜了。然而，相对主义也有程度之分，普罗塔哥拉确实有力地驳斥了绝对主义（absolutism）——这种观点不承认相对性，也就是说，凡事都有个是非对错，无关乎主观看法。但是，在另一个极端上，也有一些激进的相对主义者坚持认为一切都是相对的——哪怕这意味着我们不得不接受一些背德的观念，并承认其合理性。

> **基本哲学问题**
>
> 一个观点可以是绝对正确、合理的吗？或者说观点只是相对的——基于我们主观的感知和判断？你的是非观念是否取决于你是谁以及你所生活于其中的环境？

柏拉图（Plato，公元前427—前347）将会助你一臂之力，事实上，他根本不买普罗塔哥拉的账，认为他的主张不过是一些律师用来逃避责任的廉价小把戏。不管怎么说，柏拉图确实发现了相对主义的大前提中的逻辑缺陷。你如果预设了一切观念都是相对的，进而都是合理的，那就是在以己之矛攻己之盾：你的观念，即一切都是相对的，对你自己来说是正确的，那么我的观念（一切都不是相对的）对我自己来说也是正确的，两者具备同等的合理性。这样看来，极端的相对主义者就陷入了自相矛盾的窘境。

然而，大多数人也许会更倾向于认同这样一种观点：对于一些事物，的确有个是非对错之分，而另一些事物则属于个人的主观看法。但是，这样一来，就很难找到一条折中的道路。当然，除非你有着像**以赛亚·伯林**（Isaiah Berlin，1909—1997）一样的见解。伯林将其理解为一个共识（common-sense）的问题，也就是说，绝对主义和极端的相对主义都是站不住脚的。他指出，尽管在口味、道德或者判决的问题上没有绝对的标准，然而一旦放眼四周，你就会发觉每个不同的文化都有着相似的价值和观念：

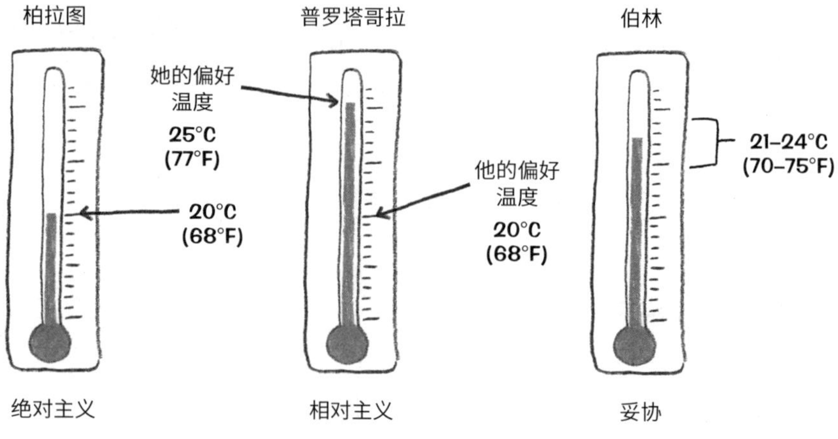

比如撒谎、偷窃、杀人等行为都被认为是错误的，而自由、正义等都被认为是好的。这些价值观具有普遍性，只在细节或实践中有所差别。

既然如此，那么先前你对待室温问题的态度就是一种绝对主义者的态度：存在一个理想的温度，这无关乎主观视角，也无关乎你与你的伴侣孰对孰错。而你的伴侣的立场却是相对主义的：一些人就是比别人更容易觉得冷，没有什么对错之分。或许你们两人可以达成某种妥协，就像伯林所提出的那样，尽管有观念的细微差别（几度的分歧而已），你们还是能够在"一个可以接受的温度"，或者至少是"一个可以接受的温度范围"上达成一些粗略的共识。忍耐一下吧。

抉择时刻

这取决于你是否愿意接受普罗塔哥拉的看法，即你的观点和你伴侣的观点是同样合理的。如果你愿意接受，那么你就不得不像伯林所说的那样与你的伴侣达成妥协。要不然，你和你的伴侣就必须找到令对方信服的论据，否则就只能继续争吵下去。

你怎么知道你爸爸就是你爸爸？

苏格拉底 ‖ 亚里士多德 ‖ 盖蒂尔 ‖ 詹姆斯

当你发现一些看似理所当然的事物其实并非你所想的那样时，整个世界都天翻地覆了。你开始怀疑自己到底能否拥有真正的知识。然而，有些时候你又不得不将一些事物当成事实接受下来。可是，这个颠覆了你的世界的新发现是否真的能够取消你以往信念的真实性？也许对于过去的你而言，“这个男人是我的父亲”已经足够真实了，只是如今你不得不改变自己对于所知事物的看法罢了。或许存在着不同层级的“真理”，又或许在你对事实的探索不断深入的同时，你对真理的理解也在发生着变化。

你如果以为面对“我的爸爸不是我爸爸”这个事实已经足够艰难了，那么接下来可得做好心理准备，因为哲学只会让你所面对的问题变得更为复杂。不管你向哪位哲学家求教，比起你的实际感受，他们反而对“你知道些什么”或“你以为自己知道些什么”这样的问题更感兴趣。虽然你很想弄明白眼前的状况，但这并非易事。

基本哲学问题

什么是知识？我该如何了解某件事？什么是真理？假设我相信自己知道的东西确实有用，那是不是真理又有什么关系呢？

这一切都取决于你知道些什么，以及你以为自己知道些什么。既然如此，**苏格拉底**（Socrates，公元前469—前399）将是你的不二之选。德尔菲神庙的神谕宣告，苏格拉底是全雅典最智慧的人——因为苏格拉底无知，不过更重要的是，他知道自己的无知。所以，比起四处夸耀自己知道些什么，苏格拉底更愿意拉住周围的人，问他们知道些什么。随后他便问这些人，他们怎么知道自己确实知道那些他们自以为自己知道的东西（看吧，要解决这个问题一点也不容易）。他们觉得自己确实知道那些自以为知道的东西，究竟是因为单纯的信念，还是因为他们真的知道呢？

通过这一系列执着而恼人的发问（也就是后来的“苏格拉底辩证法”），苏格拉底一点点解开了人们的臆断与思维习惯，令人陷入自相矛盾的窘境，并最终使得他们质疑自己过去曾相信的东西。但是，苏格拉底的本意并非炫耀，相反，他有着更为深刻的目的：通过暴露我们思维中的谬误，苏格拉底试图把握“知识”、“真理”等概念背后的实质。

可这一切又和你爸爸有什么关系呢？好吧，苏格拉底会问你（要记住，苏格拉底并不会给出直接的答案），在得知这个男人不是你爸爸之前，你是如何知道这个男人是你爸爸的？接着，他还会问你现在知道些什么，又是如何知道的，好的，非常好。但是这都无益于你和你爸爸（也可能不是真爸爸）之间的关系。事实上，面对苏格拉底抛来的问题，你只会发现自己其实并不知道自以为知道的东西，你甚至会开始怀疑自己以为自己知道的东西究竟是不是真的。苏格拉底的学生柏拉图会偷偷告诉你，其实他也被他老师的提问搞得有些抓狂。但柏拉图还是会劝你接受这个事实：我们的信念很有可能是错的。不过，柏拉图的学生**亚里士多德**（Aristotle，公元前384—前322）可不会善罢甘休……

不同于有些理想主义的柏拉图，亚里士多德十分讲求条理和方法，甚至到了近乎偏执的地步。因此，他并不满足于柏拉图的观点。亚里士多德想要搞清楚，“知道某件事”究竟意味着什么。

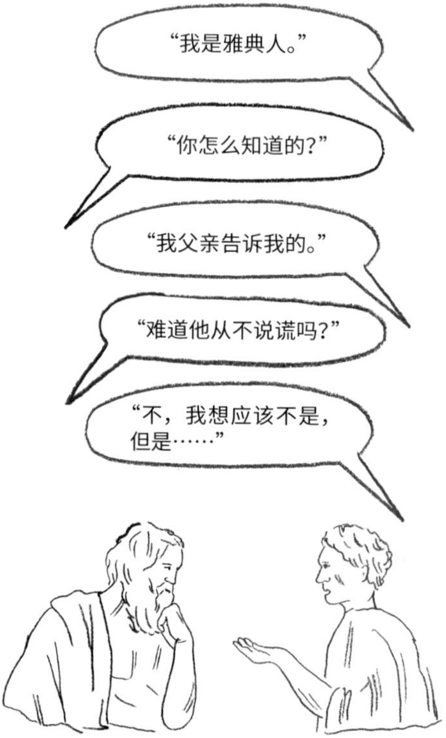

只有这样我们才能将知识应用于现实世界。因此，他给出了一个相当精辟的定义：知识就是得到确证的真实信念。比如，你知不知道自己的出生地？是的，我知道自己出生在雅典。那么，很显然，你具有这样一个信念。但亚里士多德会接着问你是否有论据支撑这一信念。有啊，给你看我的出生证。这样一来，你的信念就得到了确证——他向接生的护士确认了。因为这个信念得到了证实，所以你是对的。

回到你爸爸那里，亚里士多德会问你是否相信这个男人是你的爸爸。是的，我相信，因为大家都这么说。啊哈！那么你的信念就是被确证了的。但是，如果你发现他其实并不是你的爸爸，所以你的信念并不是真实的，这意味着你并不真的知道他是你爸爸。是呀，你说，我就知道他有什么事瞒着我。可你真的知道吗？也许你怀有这样的信念，而这碰巧又是真的，但是问题

对于我们知道得越少的事情，我们越是盲信。

——米歇尔·德·蒙田

在于你的信念并不能得到确证。所以，你还是不知道他是否对你有所隐瞒。现在，你被告知他不是你的爸爸。好好想想：你知道他不是你的爸爸吗？你相信他不是吗？有没有证据能够证明？这是真实的吗？

足够真实

“得到确证的真实信念”（justified true belief，简称JTB）虽不失为检验你是否真的知道某些事物的方法，但也并非无懈可击。如果你求助于**埃德蒙德·L. 盖蒂尔**（Edmund L. Gettier III，1927—　）的话，那么他将会向JTB发难。你告诉盖蒂尔你拿到了DNA的检测报告，这份报告证明了你曾经将其当作爸爸的那个男人其实并不是你的爸爸，所以，现在你可以说自己知道了真相。可真的是那样吗？盖蒂尔随后解释说实验室里出了点差错，他们错将别人的检测报告寄给了你，但是正确的那份报告（尽管你不知道）也确实表明他不是你的爸爸。你的“他不是我的爸爸”的信念碰巧是真实的，这个信念也得到了确证（因为你收到了检测报告），可是你仍旧不能说自己“知道”真相，因为你关于真相的知识建立在了错误的证据之上。

这样一来，即便你自以为有证据能够证明这个被确证的信念是真实的，你还是不“知道”实情。但是这真的那么重要吗？现在你知道了你所能知道的，但是，在你得知他不是你的爸爸这个

真，就是以实为实，以虚为虚。

——亚里士多德

惊人的消息前，你以为他就是你的爸爸。问题的关键在于，你对于自己的无知并不自知。美国前国防部长唐纳德·拉姆斯菲尔德曾因这样解释当前局势而遭到了许多（不合理）的讥讽，他说："正如我们所知，存在着为我们所知的已知，即存在着我们知道自己知道的事物。我们还知道，存在着为我们所知的未知，即我们知道自己对于一些事物其实并不了解。但是，也存在着未知的未知——也就是那些我们不知道自己不知道的事物。"你曾相信他是你的爸爸，虽然这不必然是真实的，但对于当时的你而言确实是真实的。直到真相大白之前，这对于你已经足够了。

虽然听起来有些强词夺理，但比起那些抽象的关于"知识"和"真理"及其含义的沉思，这或许更能够帮助你理解并应对自己的出身问题。为了一些能够给我们提供实际帮助的东西而舍弃抽象的概念也不无道理。**威廉·詹姆斯**（William James，1842—1910）既是物理学家也是心理学这门科学的先驱，同时还是一位德高望重的美国哲学家。这位大师或许能给予你一些实际的建议。其实，他是实用主义（pragmatism）哲学的支持者，简单来说，他看不出一种不能应用于实际的哲学有什么意义。

詹姆斯会告诉你，关于你到底"知道"还是"不知道"的争论不过是徒劳，一切都在于实用。你若是不能证明自己"知道"些什么，那也没有关系，重要的是你关于这些事物的信念对你自己而言有什么效用。詹姆斯会这样解释：如果你有关于某事物的信念，并且这种信念是有用的，那么对你而言这就是"真实的信念"。就拿你的爸爸来说吧，你曾经相信他就是你的爸爸，好，这虽然不一定是真的，但对过去的你来说也不是假的。并且，由于过去的你相信这是真实的，你就能够以此来为其他关于你自

> 你如果想要成为一名真正的真理追求者，那么在你的一生中至少要有一次，去怀疑你所能怀疑的一切事物。
>
> ——勒内·笛卡尔

己，以及关于你与“你的爸爸”之关系的信念和想法奠基。你曾经凭借这个信念来为其他事物赋予意义，所以它对你而言是有用的。那么，按照詹姆斯的说法，这就是一个真实的信念。不仅如此（虽然把你耍得晕头转向，但这样是值得的），又因为这个信念是有用的，它就成了你的真理。它既符合你已知的事实，同时又是其他真理的基础。现在，事实仍然是事实，并不会发生变化，但是，新的事实也可能会向你显现，甚至迫使你改变以往的信念。当然，这意味着你将获得一个新的真理，但这个新的真理与你过去所拥有的那个真实的信念之间并无优劣之分。真理发生了变化，但事实始终如一。真理是：你曾相信他是你的爸爸，但现在不那么认为了；而事实是：他从未是你的爸爸。

抉择时刻

这个新发现（你的爸爸不是你的爸爸）并不止于让你怀疑自己的身世。你既可以追随苏格拉底与亚里士多德的脚步，去探究知识与真理的本质，以及我们是否能够知道什么是真实的。或者，你也可以同詹姆斯一道，认为“真理”会随着新事实的揭露而改变。

为了避免车祸，我轧死了邻居家的狗，我应该为此感到内疚吗？

康德 ‖ 边沁 ‖ 阿奎那 ‖ 福特

你一定感觉糟透了。但是，在当时的情况下你确实无能为力——另一辆车径直向你冲来，而且你们双方都来不及刹车了，情急之下你一个急转弯拐到了人行道上，撞到了蹲坐在那里的狗。你当然并非有意要杀害这只无辜的生灵，可你总是觉得自己对它的死负有责任。然而，如果你那时没有当机立断，结局可能会更加惨不忍睹：两辆载满人的汽车相撞……对此你又会有何感受呢？那简直是不堪设想的。

轧死了邻居的狗肯定会让你心里不舒服，但是麻烦在于，事后你仍然不能释怀：是你操着方向盘让自己的车撞死了这只狗，这是不可否认的事实。虽然在这个意义上你确实导致了狗的死亡，但是，除非你做了不道德的事，你又何必内疚呢？所以，现在的问题不再是你是否应该感到内疚，而是：在这次事故中，是否存在着能令你内疚的东西。

这取决于你想自责到什么程度。如果你想对自己严格一些的话，那么**伊曼纽尔·康德**会告诉你，你确实有理由感到内疚。很显然，你认为给动物造成不必要的伤害是错误的，若非如此，你也不会对这次事故耿耿于怀。既然你相

基本哲学问题

为了更大的利益去做坏事，这在道德上是错误的吗？让本来能够避免的不幸发生也是不正当的吗？如果动机是好的，那么行为是否能够相应地获得道德上的合法性？

你要这样行动，把
不论是你的人格中的人性，还是任何他人的人
格中的人性，都同时用作目的，而绝
不只是用作手段。

伊曼纽尔·康德

信伤害动物是错误的，那么你就应该一直遵循这条准则：在任何情况下伤害动物都是错误的。所以，不管当时是何种情形，你都不应该轧死这只狗。虽然当时你别无选择（不管你是去撞车还是去撞狗都是不对的），但这并不能使你轧死这只狗的行为成为正当的。

不仅如此，康德还会指出，除了上述问题，你还违反了他的另一条重要的准则：人是目的而非手段。你将结束这只狗的生命视作避免撞车的手段。在这里，人与狗的区别有那么重要吗？并没有，因为你的行为也造成了你的邻居的丧失爱犬之痛，所以你也将他们视作了达成目的的手段。况且，如果当时在人行道上的是你的邻居而非她的狗呢？

伤害最小化

康德的观点似乎有些强人所难，特别是当你试图使自己的行为获得合法性（而不是给自己一个自责的理由）的时候。康德在这里大谈目的与手段，仿佛行为的结果与自己无关。然而，你之所以会把车开上人行道，是因为这是当时的最佳选项，至少比两车相撞要好一些。你以极快的速度衡量了两种方案，并选择了造成伤害较小的那一个。这是典型的功利主义（utilitarian）思维，**杰里米·边沁**就是其拥护者，他会说，在当时那种情况下，你的行为无可指摘。你要在轧死一只狗和笔直冲向一辆满载的车之间做出选择，考虑到你可能导致数人（包括你自己）的死亡，你不得不当机立断，并做出正确的选择。

但是，这也是功利主义的一个弊端。追求伤害最小化或者利益最大化看似很简单，但是通常情况下你并不具备足够的时间和信息来权衡各种可能的结果。你如果不迅速做出反应，就可能会多出很多顾虑：也许爱犬之死会给那个家庭带来难以言表的悲痛，又或者如果两辆车能够同时及时刹车并闪避，就能造成更少的伤害。

不管怎么说，你的本意是好的。虽然这只狗死了，但你当时并非有意为之，这只是“附带伤害”（collateral damage）罢了。为了避免多车连环相撞，这是必要的举措。而且，动机才是最重要的，不是吗？**托马斯·阿奎那**（Thomas Aquinas，1225—1274）会对此表示认同。作为基督徒，他十分在意行为的罪恶与否，因

> 不管是在理论中还是在实践中，在正确的道路上还是在错误的道路上，一贯性都是最罕见的人类品质。
>
> ——杰里米·边沁

为这可能会成为你是否被罚入地狱的重要依据，而远非几个小小的过失那么简单。对于阿奎那而言，动机决定一切。如果你本着好心，哪怕干了坏事，你在道德上也是清白的。换句话说，就算行为的结果是好的，只要你居心不良，你也是十恶不赦的罪人。“双重效应”（double effect）会让情况变得有些复杂，尤其是当你可以有所预见的时候：你知道自己的行为会在造成好的结果的同时导致坏的结果。可如果你的本意是好的，不管你做出了多糟糕的事，都是可以被原谅的。

出于好意

就拿你的例子来说吧，“双重效应”就是：两车虽然免过了相撞，但是狗被轧死了。当时的你是怀着怎样的意图呢？避免给另一辆车里的人们造成伤害。当时你看见那只狗了吗？你如果没有看到狗，那也就预见不了自己会导致它的死亡，当然，这也意味着你并非有意杀害它。但是，你如果当时看见了那只狗，就一定能预料到自己的急转弯必然会杀死它。你虽然无意谋害它，但预料到了自己的行为可能造成的后果。如果我们假设那只狗的主人因丧犬之痛而自尽，那么，虽然你的心情会无比糟糕，但是，你依然没有理由自责，因为这又是一个既非蓄意而为又未能事先预见的情况。如此一来，刚才我们所假设的场景也许会让你怀疑功利主义为了多数人着想而趋利避害的有效性。如果你甚至都不能预见可能的后果，又谈何权衡得失呢？

菲利帕·福特（Philipa Foot，1920—2010）认为，还存在其他的因素影响着我们的是非判断，比如这种情况：我们即便心怀好意，也得到了好的结果，但依然还是能直觉得感到一丝对“做

> 道德确实不是指导人们如何使自己幸福的教条，而是指导人们如何配享有幸福的学说。
>
> ——伊曼纽尔·康德

坏事”的疑虑。她会问：只有做坏事才是错误的吗？还是说，对可能发生的坏事袖手旁观也是错误的？

为了审视这次事件里的是非对错，福特为我们呈现了一个类似的假想情境：一列失控的火车沿着铁路疾驰，而在这条线路上正有五个进行修理作业的铁路工人。如果不将火车停下，这些工人无疑会死亡。然而，你也确实能够做些什么来阻止悲剧的发生，因为福特将火车与工人们之间的转辙器的控制权交付与你，你能够用这个转辙器让火车改道。可不幸的是，另一条线路上也有人在施工，但是只有一个人。当然，如果你不在的话，这一个人会活下来，而另五个会死亡。你是听天由命，还是扳下转辙器，舍一保五？

现在，如果另一条线路上的不是一个普通的铁路工人，而是你的熟人或你那无可挑剔的爱人呢？这会影响你的抉择吗？这应当影响你的抉择吗？

还有一种让失控的火车停下的方式，可你绝对不会喜欢：正巧有一个巨胖无比的男人站在铁路边，如果你把他推到火车前面，那么以他的体型和重量，足以让火车停下来。当然，他会死，可这与让火车改道杀死那一位铁路工人又有什么区别呢？也许存在着区别，因为大部分人会对把人推到疾驰的火车前这个念想怀有

电 车 难 题

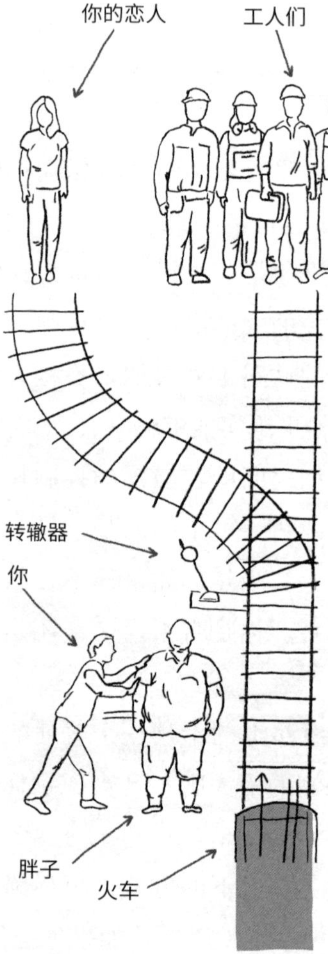

失控的火车径直冲向那五个铁路工人，你是他们唯一的希望。你会扳下转辙器，从而杀死你的恋人吗？还是说，你会把胖子推到铁轨上来让火车停下？或者，你会选择听天由命？

罪恶感，但是扳下转辙器放弃那一个无辜的铁路工人似乎不需要太多犹豫。康德会说，这是因为在前一种情况下你不得不直面你将胖子当作了手段的事实。也许他的话不无道理。

抉择时刻

康德会解释说，你之所以内疚是因为你将那只狗当作了避免车祸的手段，哪怕这在当时的情形下是正确的选择，但是在道德上仍然是不正当的。你也可以像边沁那样反驳：你当时的行为避免了两种灾难中更糟糕的那一个。或者，用阿奎那的话来说，你是出于好意的。

我的男朋友成天就知道打游戏刷朋友圈

伊壁鸠鲁 ‖ 边沁 ‖ 诺齐克 ‖ 普特南 ‖ 庄子 ‖ 柏拉图

这确实影响到了你们的关系，不是吗？你的男朋友除了睡觉以外，不是坐在电脑或者游戏机前，就是低头看手机，以至于你们俩之间几乎没有了交流——他仿佛活在另一个世界里，一个虚拟的世界，而且比起现实世界而言，似乎虚拟世界对他更具有吸引力。你有的时候会觉得，他相信游戏、头像、视频与聊天室为他展现的就是现实世界，而你所生活于其中的现实世界对他而言不过是一个苍白的替代品。

那么，到底是什么让你的男朋友变成这样的呢？最直接的回答就是：他喜欢，这能给他带来乐趣。然而，从另一方面来看，他可能是想逃避现实，或者他觉得面对现实很麻烦，又或者他只是觉得现实很无聊。抑或是，他沉溺于这种虚假的现实，因为他能做在现实世界所未做，或是不能做的事情，得到在现实世界所不能得到的东西——刺激、欢笑，甚至是陪伴。

这种行为并非无法理解，在某种程度上甚至是情有可原的。在从**伊壁鸠鲁**到以**边沁**为代表的功利主义哲学家中间，许多人都认为追求快乐、避免痛苦（也就是你的男朋友的行为）乃人之常情。有一点儿逃避心理（不管你是要摆脱残酷的现实还是要缓解生活的乏味）在本质上并不是错误的。毕竟，享受虚拟现实的乐

> 只有两耳不闻窗外事，才能保证一个人不会被事实所困扰。
>
> ——罗伯特·诺齐克

任何理智的人都不应该仅仅因为无法解决的争论就断定某事是主观的。

——希拉里·普特南

趣又与看电视、看电影和看书有什么区别呢？如果可以选择，难道大家不都想选择过一种安逸的生活吗？

但是，这是一个关乎分寸的问题。的确，每个人都会时不时地逃到这样一个理想乡中去，在那里，我们可以享受到激情、浪漫以及无数在现实生活中缺失的东西。我们确实能够暂时悬搁心中的疑虑，沉迷于梦幻泡影之中，但是，虚构世界对我们而言真的比真实世界更具吸引力吗？我们真的愿意选择永远活在幻象中吗？

虚拟现实

为了帮助你解答这些问题，**罗伯特·诺齐克**（Robert Nozick，1938—2002）会让你想象一台他所发明的“体验机器”——虚拟现实计算机的终极形态。当你按下开关后，你甚至都不需要暂时悬搁你的疑虑，因为这台机器直接与你的大脑相连，并发出刺激神经元突触的信号，导入以假乱真的体验。你可以编辑这台体验机器，让其能够为你提供一切身体的、思维的和情绪的感觉，这些感觉是如此真实，以至于你真的相信自己正在亲身经历它们。当然，你可以选择那些令人

基本哲学问题

什么是现实？我们该如何知道什么是现实，而什么不是？

愉悦的体验，包括你从未经历甚至从未想象过的。这有什么不好的呢?

但是，诺齐克会让你仔细考虑自己究竟是否要委身于这台体验机器。他会质疑追求快乐（以及避免痛苦）是否是我们仅有的价值。果真如此，那么我们根本就没有理由不使用这台机器，因为这能使我们获得比在现实世界中更多的快乐。可是，如果再仔细想想，你可能会有所动摇：使用体验机器的人是消极被动的，也就是说，你什么都没有做，而是让其他东西替你完成。生活中，我们想做许多事，并不是为了有一个“做”的体验，而是因为我们想要真真切切地去做。或许更重要的是，即便这些体验能够以假乱真，在打开机器之前，我们也已经知道了接下来的这些体验都是虚假的。

因此，诺齐克认为我们不会心甘情愿地被那种虚拟的现实所欺骗。大多数人也会下意识地对此表示认同，并在真实的与虚拟的经历之间选择前者。可是，你的男朋友的表现似乎恰恰证明了诺齐克的判断是错误的，与此同时，也有越来越多的人将大量的时间花在手机，而非真实世界上。

诺齐克的体验机器与**希拉里·普特南**（Hilary Putnam，1926—2016）的一个理念如出一辙，后者同样让我们反思我们所相信的真实究竟是什么。只不过，普特南所塑造的虚拟现实的情境更险恶一些。

> 对于他们而言真实的事物，要我说的话，不过是表象的表象。
>
> ——柏拉图

普特南会让你设想一个邪恶的科学家，他把一个人的大脑取了出来，并放置在一个装有特殊液体的器皿中保持其活性。他还发明了一种将脑细胞连接到电脑上的技术（就像诺齐克的体验机器一样），这样一来，电脑就可以刺激神经末梢，让大脑以为自己所经验的都是真实的。这个疯狂的科学家还通过电脑编程来欺骗这个大脑，使其相信自己并非被装在了满是液体的器皿里，而是仍处在原先的身体之中，并且能够体验周遭的事物。可是，这些体验当然是虚幻的，因为这都是电子刺激的结果。

这种荒诞的场景或许只会出现在科幻作品中（这像极了《黑客帝国》三部曲中的场景），但是我们也很难否认它出现在现实中的可能。如果你是缸中之脑，你能意识得到吗？更关键的是，你怎么知道自己不是缸中之脑？也许（你认为的）现实就是来自电脑的刺激，而你身不由己。

如梦似幻

其实，若是想领会真实之飘忽，倒也不必费尽心思进入科幻的领域。早在电脑（甚至是机器）发明以前，**庄子**（或作庄周，公元前369—前286）就已经觉察到了我们的心灵可能会将一些东西错认为是真实的，也正因为如此，他怀疑起我们对现实的感知。庄子会让你回想自己睡着时的感受，也就是梦中的体验。你一定做过足以乱真的梦吧？可你怎么知道这只是梦境的幻象呢？你着急想要告诉他这是你醒了之后发现的，但是在此之前，先听听庄子讲述他曾做过的一个梦吧——他梦见了自己是一只蝴蝶。在梦里，作为蝴蝶的庄子怡然自乐，并且不知道自己是庄子。醒来时，他才意识到自己是庄子，但他无法分辨，刚才究竟是他梦见自己

不知周之梦
为蝴蝶与，
蝴蝶之梦为周与？

庄子

柏拉图的洞穴

是一只蝴蝶，还是一只蝴蝶梦见自己是庄子？所以，别过于仓促地劝你的男朋友活在现实之中，毕竟，现实为何，你自己也无从得知。

但是，这只会成为你的男朋友孤僻行为的一个借口。勉强接受庄子的建议然后放任你的男朋友继续逃避下去，这对你而言实在是无法接受。你如果想找个说法，让你的男朋友恢复理智，那么最好还是问问**柏拉图**，听听他有什么见解。柏拉图也认为，我们所理解的现实根本上只是幻象，但这种幻象并不是什么电脑刺激的产物，更不是梦境。他会说，现实远非止于我们的感官。

为了进一步解释上述说法，柏拉图会向你介绍他的“洞穴寓”——史上最著名的哲学思维实验之一。故事说，有一群人自出生以来就一直被囚禁在一个洞穴里，他们被面朝洞壁捆绑起来，由于被缚而不能转动自己的头，所以他们只能看见洞壁。在这些囚犯身后，有一堵矮墙，墙的前方不远处有一簇篝火，微弱地照亮洞穴。关押着他们的人会时不时地徘徊于矮墙后，手里举着各种各样的物品。物品的影子投射在这些囚犯面前的洞壁上，而这些影子恰恰是囚犯们所唯一见到过的东西，此外他们不知道其他任何事物的存在。因此，除了这些影子，他们不能通过别的任何东西来形成对现实的概念。

现在，如果你为其中的一个囚犯松了绑并让她站起来转向身后，那么她就能够看见实在的光亮，但是要等一会儿她的眼睛才能完全适应。而在看过了篝火与真实的物品之后，她就会发觉，自己原先所认为是现实的东西不过是现实存在物的投影。柏拉图认为这些囚犯对于现实的原初把握就像我们通过感官把握世界一样：我们得到的不过是对于现实存在物的一种不可靠的模仿。你男朋友的虚拟世界和虚拟朋友也是如此。

然而，柏拉图的洞穴寓并未就此止步，以免你因此而获得一种优越感。他会向你揭示，你自己对于现实的理解也并不比你的男朋友强到哪去。被释放的囚犯在意识到了自己错把影子当作现实的同时也渐渐适应了光亮，并且发现了洞穴的出口。当她踏出洞穴时，外面的世界和阳光一起与她照面，而这一切（世界原本

我不相信自己现在在做梦，但我也没法证明这一点。但是，不论是梦是醒，我都很确信自己有着某些特定的体验。

——伯特兰·罗素

的样貌）自然会让她头晕目眩。

就像这个囚犯一样，你若只意识到自己对这个世界的把握不过是其投影，那还远远不够；你还必须认识到，终极的现实（事物如其之所是的世界）仍在你的感官把握之外。

尽管如此，柏拉图还是会提醒你，试图让你的男朋友戒掉电脑也会带来麻烦。一旦囚犯看到了洞穴外的景象，她就会立即与其他囚犯分享她的见闻。当然，别的囚犯肯定不会相信她。也就是说，当你如此劝说你的男朋友的时候，也会得到类似的结果。

抉择时刻

如果你想要原谅你男朋友的孤僻，伊壁鸠鲁和边沁会尽全力为其追求快乐、逃避痛苦的行为正名。如果你需要相反的效果，诺齐克会说，理智的人会在逃避与现实之间选择后者。但是，在对你的男朋友的行为说三道四之前，也该好好想想普特南、庄子和柏拉图的教诲，在他们眼里，你自己对于现实的理解也还有待反思。

我的新男/女友似乎性欲旺盛，但我对此并不那么感兴趣。我该不会有什么毛病吧？

萨德侯爵 ‖ 福柯 ‖ 密尔 ‖ 庄子 ‖ 普罗塔哥拉 ‖ 丹尼特

一开始你们的确是两情相悦的，不是吗？你发现你们之间有那么多的共同点：你们有着共同的爱好，甚至连偏爱的食物都一样。然而这一切美好都止步于卧室。也正是在这时，你发现你们的偏好出现了分歧。你有些惊讶，因为你的这位温柔体贴的新欢似乎比你所料想的更积极主动一些，而这让你感到有些不适。现在，你不仅开始质疑你们的关系，而且搞不懂自己到底是性冷淡还是假正经。

如果你不介意一些露骨的表达，那么就让我们单刀直入吧。你对于伴侣的性欲的抵触反应，究竟是因为你们各自生理需求有所不同，还是因为这其中也夹杂着道德判断的因素呢？简单来说，你究竟是对性没什么兴趣，还是觉得性会让自己产生某种罪恶感？也许你不太喜欢“享受肉体的欢愉”这种定义，并且认为性应该是一件严肃的事情。你不是唯一一个有这种想法的人，所以你并非不正常，除了有些谨小慎微之外，你也没有什么毛病。但是，也会有人反驳：享受性生活，和你的伴侣沉浸于欢愉之中是无可指摘的。

如果你去咨询多纳西安·阿方斯·弗朗索瓦，也就是**萨德侯爵**（Marquis de Sade，1740—1814）的话，他会说，你错过了许多乐趣，因为你从小就被灌输：享乐是一种罪过。但是萨德侯爵自己所说的那些摆脱了传统道德、宗教和律法束缚的高谈阔论，只不过是用于掩饰其享乐目的的粗浅借口罢了，不仅如此，他的文字总是充满了淫秽的细节描写。所以，你最好还是转向更靠谱的哲学家，比如**米歇尔·福柯**（Michel Foucault，1926—1984），并以此对抗禁欲的清教徒道德观。

基本哲学问题

享受感官上的快乐是不道德的吗？我们的善恶观念是否受到了社会习俗的规定？别人会拥有和我类似的经历吗？

比起片面地否定传统的性道德观，福柯会告诉你，他发现了你对沉溺于肉体之乐如此抵触的原因。你并非天生就有着对官能愉悦的反感，而是你所生活于其中的社会将你塑造成了这副模样。家庭、宗教信仰、政府和其他的社会机构都对你的思考产生了影响，确保你的是非观、价值观是符合常规的，并且它们中的大部分都在向你传达：寻求性满足是罪恶的。这种观念在你的脑海里根深蒂固，你甚至都意识不到自己的情绪性反应是被操控的。由于你从小所受到的教育，你将与这种社会规则相左的事物视作耻辱，对它们感到恐惧甚至憎恶。

最终的结论是，由于你受制于社会规范，所以你面对性时显得十分拘谨。你如果能够克服对于打破常规的畏惧的话，那么，将只有你想不到，没有你做不到的事。事实上，你必须敢于想象自己能享受那些违背伦常的快乐，只有这样你才能摆脱规矩的约

每个人都是自己身体与思想的主人。

——约翰·斯图尔特·密尔

束力。无论如何，我们现在的重点是性爱，这是一种给予或获得快乐的方式，那么就此到底能引发出什么道德是非呢？性爱又能对我们造成什么损失呢？

约翰·斯图尔特·密尔（John Stuart Mill，1806—1873）是一位勤恳正派的维多利亚时代英国绅士，乍一看他与福柯似乎是迥然不同的两个人，但是就上述问题而言，他们不谋而合。密尔认为，你的行为如果不会对别人造成伤害，那么就是无可指摘的。不过他还会补充：虽然他自己会在读书比滚床单更好这一点上赞成你的看法，但是最终一切都取决于你自己。对于能够为自己的行为负责的成年人，没有人能告诉他们在私人的卧室里该干什么、不该干什么。尽管如此，彼此间的认可依旧是重要的：只有你能够决定自己和他人该如何对待你自己的身体。

情感的流露

当然了，不论出于什么原因，你可能只是单纯地对性行为不感兴趣，就像有些人就是不喜欢足球一样。按照相对主义哲学家们的话来说：一人手中宝，他人脚下草。如果你说你不喜欢足球，好的，没问题。同样的道理，如果你说你不喜欢性，那么也轮不到别人来指手画脚。这是个人喜好的问题，客观规则在主观选择面前并不适用——没人能规定你喜欢或讨厌什么。

可是，真的如此吗？**庄子**可不同意。你尽管不能规定他人的喜好，但是能辨别出一个人是否能从某一行为中获得乐趣。为了说明这一点，庄子给我们讲了一个他于濠梁之上观鱼的故事。庄子见鱼“出游从容”，认为它们很快乐。庄子的朋友惠子对他提出疑问：你又不是鱼，怎么能知道鱼很快乐呢？庄子回应惠子：你

少女们，你们太久以来都在受着美德荒谬而危险的束缚，受着一种令人厌恶的宗教的束缚。模仿火热的尤金妮吧！你们要像她一样迅速地摧毁、摒弃那些愚蠢的父母灌输给你们的可笑准则。

——萨德侯爵

又不是我，怎么能知道我是否知道鱼快不快乐呢？惠子不得不承认自己确实不知道，因为他不是庄子。也就是说，庄子凭借“你怎么知道”这个问题，使得惠子勉强承认了庄子确实知道鱼很快乐（他刚才还在质问庄子是怎么知道的）。庄子的关键论据在于：他之所以知道鱼很快乐，是因为看见鱼“出游从容”。

庄子与惠子的濠梁之辩有些复杂地说明了这样一个道理：要想知道他人的感受，你没有必要成为另一个人。通过人们的行为和他们对不同刺激的反应，你就能看出他们的好恶。如果你给小孩子一块巧克力，她就会笑嘻嘻的；如果你扎她一下，她就会因疼痛而大哭。要知道这个小孩的感受，你没必要真的就是这个小孩，因为你可以根据她的反应来做出判断。

然而，**普罗塔哥拉**会指出这一系列论证中的一处漏洞：不管一个人是痛哭还是欢呼，他的行为只能告诉我们行为本身，此外无他。他可能会说：真正重要的是一个人内心的真实感受和想法，而不

庄子确信自己知道鱼的快乐，但是否有这种可能，即庄子眼中的鱼的嬉戏，其实是它们在挣扎求生？

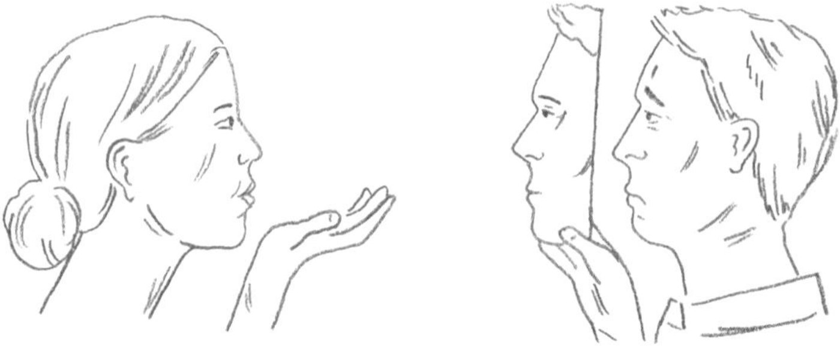

我们怎么能确信自己知道他人的感受？我们怎么知道他们并没有隐藏自己的情感？我们怎么知道他们有情感？

是他所呈现出的外在表象。我们每个人都有自己感知事物的独特方式，比如，你喜欢大蒜，但另一些人则对其退避三舍。这可能是因为你感受大蒜的方式与其他人不一样，也就解释了人们为什么会有不同的喜好。或许当你尝到了甜味时，另一些人却尝到了苦味。对此，我们无从得知。

所以，我们也无法获悉，让你感觉到痛苦的东西在你的伴侣那里是否是一种愉悦。但是庄子会打断说，我们对痛苦和愉悦的反应都是不由自主的，同时也是随时都能被观察到的，也就是说，我们即便不知道当事人的实际体验，也能辨别他是喜欢还是讨厌这种感觉。然而，普罗塔哥拉会回应道，一个人的反应也可能和他的感受一样具有主观性。假如一个人被针扎了，叫了一声“啊”，那么这也有可能是他对于令他愉悦的感受所做出的直接反应——至少是就你所理解的愉悦的意义而言。

哲学中的僵尸

就拿你来说吧，你尽可以接受你的伴侣所提出的一切长时间性爱的要求，并假装自己乐在其中，而你的伴侣不知道你们其实

凡事都要将心比心，爱邻人如爱己，这就是理想的功利主义道德。

——约翰·斯图尔特·密尔

是貌合神离。事实上，你的伴侣也不能确切地通过你的行为了解你的想法：你的呻吟究竟是出于享受还是出于不适？或者说是出于无聊？但与此同时，你也不知道你的伴侣究竟有着怎样的体验。

丹尼尔·丹尼特（Daniel Dennett，1942—　）会继续深入这个问题，他认为我们永远不能够知道别人在想些什么。不仅如此，一个人对于外界刺激的反应根本就不能证明他有所体验——他可能只是装装样子而已。毕竟，要造一台你敲一下就会发出小猫高兴时的呼噜声的机器也不是很难，那么，造出一个能像人类一样对刺激做出反应的机器人也并非不可能。但是，这样一个机器人是肯定没有感觉和意识的。所以，丹尼特认为，的确可能有生物能够像人类那样对疼痛和愉悦做出反应，但它们也不过是遵循特定指令做出反应的机械有机体罢了。

丹尼特将这种生物称作“僵尸”，但哲学意义上的僵尸不同于海地人的伏都教（voodoo）中的生物，更非恐怖电影中的不死食人怪。除了没有感觉和意识之外，这种僵尸在各方面都与人无异。虽然不像好莱坞电影里的僵尸那么恐怖，但是这种哲学意义上的僵尸也有些瘆人，因为你没有办法将它们和人类区分开来。你确定你的这位新伴侣，或者随便其他什么人不是僵尸吗？也许除了你自己，世上所有其他人都是僵尸也说不定……

不管这种观点多么违背常理，想要理性地驳斥哲学僵尸的存

> 理性是，也应当是感性的奴隶，除了服务和听从感性以外，理性不能假装承担任何其他工作任务。
>
> ——大卫·休谟

在也并非易事。尽管如此，哲学僵尸存在的可能性依旧微乎其微。和你做出同样反应的人很可能只是和你有着一样的感觉和意识，这样解释起来似乎更说得通。

但是，就像性高潮一样，这些都有可能是假装的。

抉择时刻

你可能怀疑自己对待性的态度有一些失常。这可能像萨德侯爵和福柯所说的那样，是一种由社会强加给我们的压抑的性观念。然而，也可能正如普罗塔哥拉所言，你和你的伴侣只是各有所好罢了。但是，你们二人是否能像庄子所说的那样知道对方的喜好呢？还是说，正如丹尼特所讲，他人之心不可知？

我的伴侣送了我一双鞋作为生日礼物，可我觉得它们真的很丑

柏拉图 ‖ 亚里士多德 ‖ 普罗塔哥拉 ‖ 康德

这个时候，你当然可以笑着说声谢谢，以此来避免伤到你的伴侣的心。或者你也可以试图让他知道自己的品味有多糟糕。你的伴侣很自然地认为这双鞋很好看，这对于他而言不只是一种观念，更是一个事实。先不去追究他的真实感受是不是有什么问题，你也同样理所当然地认为这双鞋奇丑无比——美丑是否能够被客观地评价呢？还是说，这只是个人品味的问题？

你得做好心理准备，要说服你的伴侣可不是一件易事。你们俩不仅仅是在这双鞋的问题上无法达成一致，更重要的是，你们对于美的本质是什么意见相左，而且分别对应了两种通向美之问题的哲学进路。

古希腊人因其艺术上的杰出成就而赢得了中肯的赞美，其硕果影响并启发了直至今日的西方文化。因此，“美”也毫无争议地成了古希腊哲学家之间的热门话题。就像其他诸如“美德”、“正义”等概念一样，“美”也是难以定义的，所以，百家争鸣也在所难免。

一方面，**柏拉图**代表了绝对主义的立场。他认为，美就是真

情人眼里出西施。

——中国谚语

穿衣品味，以及其他各种偏好，都可能受到了文化的影响

理，真理就是美。不像那些模棱两可的事物，美不存在等级上的差异，美是一种绝对，是一种理念。柏拉图相信，存在着绝对的美（比起具体事物，它更像是个概念），它处于我们通过自己的心灵和理性（而非感官）所能到达的理念世界。而我们之所以能够在具体事物中发现美，是因为将其与美的理念联系了起来。

柏拉图的门生**亚里士多德**一如既往地站在了他的老师的对立面。亚里士多德反对“美的理念”，他认为我们虽然不能定义美，但是当具体的美的事物呈现在我们面前时，我们是能够辨识出来的。从许多不同的、我们称之为美的事物中，我们归纳出各种能够构成美的因素——在古希腊人那里，这类因素有平衡、和谐、对称和数学比例。

虽然柏拉图与亚里士多德在我们如何能够获得美的概念这个问题上相互对立，但是，他们都默认：存在一种美的东西让事物成为美的，也就是说，美是内在于事物之中的。如果是这样的话，那么就一定有办法辨别一个事物是否具有美的性质，即存在一种判别美的客观方法。

> 当一个人把一件物品放在基座上并称之为美时，他也在从别人那里要求同样的愉悦。
>
> ——伊曼纽尔·康德

一种内在的性质？

毫无疑问，肯定有哲学家对此存疑。在柏拉图与亚里士多德的分歧之外还有这样一些相对主义者，其中最具代表性的就是演说家兼律师的**普罗塔哥拉**。他指出，关于一个人的美的观念，比如身材或肤色，会随着时境的迁移而改变，这样一来，美就不是绝对和普遍的，而是受到特定文化影响的。不仅如此，如果美是相对的，就不存在客观判断一样事物美丽与否的方法，从而一切关于美的判断都是主观的。假若真的是情人眼里才能出西施，那么美就不是事物的内在固有性质，相反，它是被观看者所赋予的。

倘若美是事物的内在固有性质，那么即便无人欣赏，它也依旧是美的。该判断也难以逃过主观主义者的怀疑。这个问题很难回答，也许整个美的概念都是人类自己的建构？那么，美就成了主观的，因为是人的判断使事物成为美的。然而，我们可以本能地感觉到，美不仅限于主观，并且存在着能够被普遍认为是有魅力的或是令人反感的事物——这些可能来自我们具有的生理功能，比如性吸引力或是对虫子的厌恶，都属于我们的“硬件”功能。

基本哲学问题

美是事物所内在具有的，还是被人所赋予的呢？

那么，最后让我们和**康德**一起来

做个收尾吧，因为康德有序地通过他的“普遍有效性”（universal validity）将双方都拉近了一些。康德承认美的概念建立在主观的反应之上，但是，这些概念占据了我们所身处的文化的很大一部分，以至于它们可以被看作是普遍有效的。关于被认为是美或丑的事物，人们是可以达成一种普遍一致的。当然，前文所述的两种极端之间还有回旋的余地，这也就解释了为何你与你的伴侣之间会存在观念上的差异。这或许不能迫使你认为你收到的那双鞋很好看，但至少能避免由此而引发的争吵。

抉择时刻

你会像柏拉图和亚里士多德那样认为，存在着能够定义什么是美的客观标准，并且这双鞋是不符合美的标准的吗？在柏拉图和亚里士多德那里，美是一种内在固有的性质，但你也许会像普罗塔哥拉那样，认为我们对美的观念是主观的，情人眼里出西施，并且，我们对美的评价受到了文化的影响。

美的主要形式是秩序、匀称与明确，而数学科学正是对这一标准的绝佳演示。
亚里士多德

第二章：工作

为了我的远大前程而伤害别人真的好吗？

孔子 ‖ 密尔 ‖ 康德 ‖ 马基雅维里 ‖ 边沁 ‖ 尼采

所以，你并不满足于你现有的工作，并且志在千里。现在有一个升职的机会，而你认为自己就是最佳人选。这不仅仅关乎个人野心甚至是金钱：你很有能力，你的升职对自己和公司都有好处。但是，这个世界是残酷无情的，你必须铁下心肠才能夺得这份工作。当你踩着自己的同事往上爬的时候，你能为自己的行为正名吗？

问题的关键在于，你虽然知道自己有权争取晋升，但是与此同时内心里也知道伤害他人是不对的。这种感觉（伤害他人在道德上是错误的）深深根植于我们每个人心中，并处于道德哲学的核心。这是因为我们的移情能力，将心比心，从而认识到他人会像我们自己一样受到伤害。这种交互的概念进而催生出了一项如今被奉为金玉良言的准则：待人如待己。

所以，如果你正在试图为升职找寻道德上的指引，这一准则确实简明扼要。你几乎可以在世界上的任何一种宗教中（可能形式会各有不同）和不少道德哲学家那里找到它的踪迹。就连**孔子**（公元前551—前479，他的哲学更关注实际的治世之道而非纯理论

一个尽力想让自己的行为尽善尽美的人终将一败涂地，因为恶人实在是太多了。

——尼科洛·马基雅维里

永远要认识到，人是目的，所以不要将人用作达成自己目的的手段。

——卡尔·波普尔对康德的转述

的宗教是非）也尝言：己所不欲，勿施于人。

虽然**约翰·斯图尔特·密尔**慷慨激昂地捍卫个人追求幸福的自由，但这并不与我们上述的法则相冲突，因为这种自由的前提是不伤害他人，也不干涉他人的自由。

法则，抑或是指导原则？

当我们谈论道德问题时，最喜欢立规矩的哲学家莫过于**伊曼纽尔·康德**了。对他而言，如果一种行为在道德上是错误的，那么就不能浑水摸鱼，是错的就永远是错的。在康德那里，这是一个绝对律令。此外，康德道德哲学的根基在于，我们每一个人，都应当被当作目的，而非手段。当然，他用了一种比较浮夸的方式来表达“你不能损人利己”，所以，在你的这种情况下，你不应当将他人作为你成功路上的垫脚石。

但或许事情并没有那么绝对。拥有能够规范我们自身行为的道德“法则”是很美好，然而现实生活并没有那么简单。或许我们也应该将目光放长远一些，根据最终的结果来进行道德的评判。

基本哲学问题

存在着普遍的道德法则吗？还是说，我们应当根据行为的结果来进行道德评判？

尼科洛·马基雅维里（Niccolò Machiavelli，1469—1527）会表示赞同。他所写的一本名为《君主论》（*The Prince*）的手册在当时引起了轩然大波。在书中，他写道，人们不必总是践行教会所推行的道德法则。他认为，在大多数情况下，我们需要歪曲甚至打破这些法则，从而达成我们的目的，并且，如果这是为了更大的利益，那么上述行为就是合理的。虽然期间可能会有一些附带性的损失，但结果总是最好的。

伤害与幸福

尽管不似马基雅维里那般冷酷无情，但还是有一些哲学家接受了他的观点，即比起试图寻找并依附于牢不可破的道德法则，我们更应该考虑自己行为的后果。功利主义（**杰里米·边沁**是该主义的先驱）恰恰就站在这种新的立场审视道德哲学。简而言之，边沁认为，一个行为的道德价值在于其能够带来多少幸福，因此，道德正确的行为就是能够为多数人提供最大幸福（最少伤害）的行为。

如果你觉得权衡升职的道德得失存在着问题，那么你或许能接受**尼采**的建议，他反对一切宗教和道德规则，认为它们过时且无关痛痒。令他感兴趣的是个体想要充分生活、激发出自己潜能

> 良心的啃咬：标志着本质与行为的不相符。
>
> ——弗里德里希·尼采

的意志。这样一来，他们就必须具备尼采所说的“权力意志”（will to power），以此来克服一切阻碍，而这阻碍包括其他人和他们自己的良知。所以，如果你没有为了升职而采取一些不道德行为的决心，并且受制于良知的呼声，那么，你或许根本就配不上这份工作。毕竟，适者生存……

为了成功，你有时不得不变得冷酷无情

抉择时刻

孔子、密尔和大多数的宗教都告诉我们，己所不欲，勿施于人，也就是说，我们应该质问自己在对方处境下会有何感受。康德将其推进一步，认为如果伤害别人是不对的，那么在任何情况下这都将是不对的。然而，马基雅维里和边沁建议你着眼于结果，想想什么是最终对每个人而言最好的结局。尼采则力劝你无视良知的呼声，从而超越自我。

我都快40岁了！我再也不想当会计了！——我应该重拾当年的摇滚梦吗？

老子 ‖ 叔本华 ‖ 马克思 ‖ 萨特

我们人生中总有这样一个阶段：在此期间，几乎每一个人都会重新审视自己的生活，并不可避免地认识到，自己现在的生活是不完美的。当你重温自己的人生经历，发现过去对安逸、稳定生活的追求不过是徒劳，同时你更清楚地看到自己已经丧失了许多机会、错过了许多梦想。你身上散发出一种典型的中年危机信号——意识到现在重拾旧梦已为时过晚。你如果现在不去冲动一把，就将永远与其失之交臂。是时候来审视你自己的选择了。

你的问题背后透露出一丝急迫，仿佛如梦初醒：你才意识到时光荏苒，而你还有许多想要做以及必须做的事要赶在为时已晚之前完成。在此之前，你在一份勉强能维持生计的工作上投入了大量的精力，而你所供养的家庭也占据了你大量的时间，因此，你不得不搁置自己的梦想。但是，这种焦躁感最终还是攥住了你，你现在迫不及待地想要重拾当年的热血，相较之下，你迄今为止的辛劳根本就毫无意义。

基本哲学问题

我们如何才能发现生活的意义？我们的所为决定了我们所是吗？究竟在多大程度上，我们能掌握自己的命运？

老子（公元前6世纪）会告诉你，问题的核心在于，你的欲望让你感到痛苦。并非对当初无所作为的后悔，而是如今想要干些什么的欲望使你痛苦，尤其是人在中年时的欲望。直截了当地说，在你这个年岁，你几乎完全不可能踏入歌坛，不是吗？没错，确实有许多上了年纪的歌星，可是他们早在年轻时就出道成名了，现在不过是倚靠着当年的名气罢了。

残酷的事实是：你在白日做梦。录制一张伟大的专辑，或带领你的乐队进行世界巡演，这些根本就不可能发生。更要命的是，你还欺骗自己对此抱有一丝希望。你最后一定会万分失落，相较现在有过之而无不及。

可是，如果连试都不试一下，那你肯定会懊丧不已，并因此而后悔一生。可是，你为什么要将自己置于这样的境地之中呢？老子如此问道，认识到总有力之所不能及的事，从而任其自然不是更好吗？自足于当下，做自己力所能及的事，不好高骛远，如是，才能发现真正的幸福。

但在**叔本华**那里，这样是行不通的。相反，他认为老子是一个天真的乐观主义者。在叔本华看来，我们永远都不能获得任何真正的满足。生活就是接连不断的失望与懊恼，只不过如今你人届中年，更能够看清这个事实罢了。拿你的例子来说，你如果无所作为，那么就注定要继续做一个可悲的会计，结局可能是你连一个完满的家庭生活都得不到。你如果想当摇滚明星，那就去追逐你的梦想好了，叔本华如是说，看看你会落得个什么下场。你很可能将一败涂地，

> 没有了音乐，生活将是一个错误。
>
> ——弗里德里希·尼采

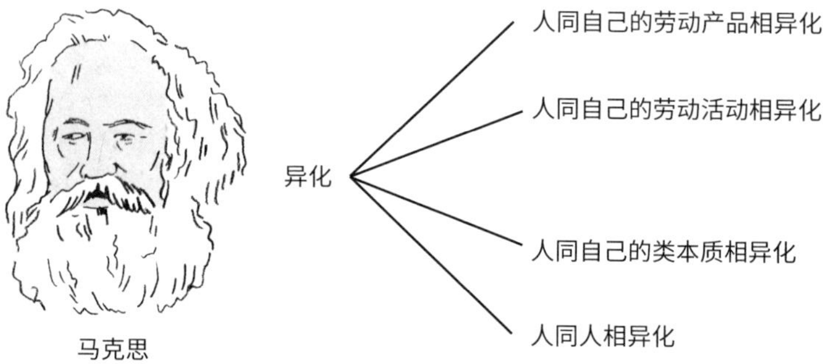

就像那些励志的音乐家所经历过的一样。这些梦想与希望让你狼狈不堪。但是，假如你的才华被认可，你的歌星梦成真了又会怎样？你可能马上就会对冗长的录制、疲惫的巡演、烦人的狗仔队和无脑的粉丝感到厌倦，甚至开始梦想着自己能过上另一种生活。

此乃人之常情，叔本华言道，我们总是这山望那山高，然后发现，不管在哪里生活都是一样的无趣。你并不只是因为失败了才会对生活感到失望，即便你成功了，生活也不会给你带来你所期待的那种满足感。你如果达成了目标，那就没有了拼搏的动力，生活就会显得空虚。但是你如果不去放手一搏，就会深陷求不得之苦。无论怎样你都不能获得满足。生活就是这样，既然你永远得不到自己想要的，那么生活就注定是场苦难。

你如果想着给自己买一辆双人跑车，或换上一袭西装以拥有一副诱人的外表，抑或是和一个比自己小二十岁的人来一段风流韵事就能奇迹般地让你重获青春的话，你还是自己去照照镜子吧。叔本华能给予你的唯一一丁点儿希望就是去干一些有创造力的事。对他自己而言，逃离苦难生活的唯一途径就是艺术，尤其是音乐这样的抽象艺术。尽管拨弄吉他并不能让你的生活变得美好，但至少能给你些许慰藉。

过有意义的生活

谢天谢地，并不是所有哲学家都像叔本华一样是个彻头彻尾的悲观主义者。但是许多哲学家也认识到，陷于一个不尽如人意的工作会影响我们的生活。这恰恰是**卡尔·马克思**（Karl Marx，1818—1883）所担心的，他十分理解你想要逃离这份无聊乏味、使人呆滞的工作的愿望。马克思认为，大多数的人都并非如此幸运，以至于能够做一份自己喜欢的工作并从中获得自豪感和满足感。自工业革命以来，资本家们控制了现代世界的工作安排，除非你也是他们中的一员，否则，你就只是工业机械下的一枚小齿轮。作为一名会计，你很清楚所有的老板都只关心业绩。劳动的本质在于多产和高效，而非满足劳动者的需求。工人们不得不依附于资本家们的企业来维持生计，因而也就不得不做那些重复的、毫无尊严的、异化的和危险的工作。

然而，并非没有其他的路径。至少存在主义者们会使你这样想。比如**让-保罗·萨特**（Jean-Paul Sartre，1905—1980）就会说，总有一个你需要做出抉择的时刻。这个抉择源自你的生存危机（比如中年的困顿或是青少年时期的恐惧），当你直面自己的有限性和你存在的实际性时，你就是在生活。对人生即将过半的你而言，这就是你的全部。

萨特

要弄明白这个道理并不那么容易，更何况我们中的大多数人还在怀疑自己究竟能否为自己的生活找到任何

> 音乐比其他种类的艺术更有力也更深刻，因为其他艺术只是在描述虚幻的表象，而音乐却道出了实质。
>
> ——阿图尔·叔本华

意义。萨特会说，这取决于你自己。也许你能在自己的工作中找到某种意义，但是，你更有可能会意识到，生活不单单是走进办公室然后坐下来分析报表。不仅如此，萨特还会问你，这是你自己的选择，还是别人对你的期待和塑造？

生活是没有意义的，萨特说，除非你能赋予它意义。你尽可以被他人所规定，但也可以自己为自己下定义。如果你选择当会计而非摇滚吉他手，那只是因为会计是适合于你的阶级和受教育程度的职业，而并非你的意愿。单纯地维持生计并不能给你的生活赋予意义，更不用说这种工作只会让你感到枯燥乏味，而做出点什么、创造些什么以及追逐梦想却能将意义赋予生活。所以，你要敢于挑战未知、过惊心动魄的生活，要给自己一些挑战以磨炼自己，并体会铤而走险时内心的震颤。你如果现在不自己做出抉择，那就将永远被他人规划和定义。

抉择时刻

如果你渴望在为时已晚之前做自己一直想做的事，你或许会思考老子所说的渴求自己力所不及事物的痛苦，你可能也会考虑叔本华所说的，不管做什么，人都得不到满足。如果这些听上去有些失败主义的味道，那不妨接受马克思的意见，挣脱资本主义的镣铐，或是受到萨特的鼓舞，去找寻生命的意义。

我是否应该为了避免被开除而供出我的同事呢？

尼采 ‖ 马基雅维里 ‖ 霍布斯 ‖ 卢梭 ‖ 斯密 ‖ 纳什

现在的情况是，你和你的同事被抓住了把柄。虽然你们只是稍稍触犯了公司的条例，但这已经足以让你们摊上大麻烦了。你们的上司怀疑你们图谋不轨（就凭你们所犯的错误，他这么想也是合乎情理的），但是他没有直接的证据。你们俩本应当被开除，但你的上司打算和你做一笔交易：如果你供出你的同事，他就对你既往不咎，可如果你拒绝配合，他就会严惩你。

这个情景似曾相识，如果你是个警匪片迷的话，那肯定再熟悉不过了。警察们抓住了一个坏蛋，告诉他，如果他能供出同伙并出庭做证，就会和他的律师商量给他减刑。这其中的矛盾十分明显：是忠于组织、不背弃兄弟情义，还是遵从法律、扫除奸恶？如果从实际出发，还得考虑清楚警方到底能否保护自己不遭到组织的报复。

一些哲学家会告诉你，要想为这种问题找寻一种解法，你首先就得抛掉那些仁义道德，然后集中思考如何能让情况变得对自己最有为利。比如**尼采**就会让你忘掉那一堆徒有其表的奉献精神和将心比心。这些对尼采而言都是“奴隶道德”：这都是宗教施加于我们身上的伦理规范，以此来防止我们无法无天。因此，你若是想成功，就得克服你的疑虑和错误的道德观念。不要觉得打破你从小就被灌输的是非观

基本哲学问题

人究竟是该自私还是该无私？人与人之间究竟是该合作还是该竞争？

著作家们一般称之为自然权利的，就是每个人按照自己所愿意的方式运用自己的力量保全自己的天性（也就是保全自己的生命）的自由。因此，这种自由就是他通过自己的判断和理性用最适合的手段去做任何事情的自由。

——托马斯·霍布斯

念是多么困难的一件事——毕竟，在你犯罪的那一刻，你的道德观就已经做出了让步。一旦步入了善恶的世界，你就再也没有回头路可走。

况且，你要忠于的不是你的同事、你的领导甚至你的公司，而是你自己，对自己好的就要来者不拒。只管揭发其他人，然后好好过自己的生活。

就像你预料的那样，这听上去有些**马基雅维里**的味道。道德在你的私人生活中确实很重要，但是现在你所面临的是商业问题——优胜劣汰、弱肉强食。你和你的同事自踏入公司的那一刻起就对此心知肚明，所以他即便被开除，也没有抱怨的余地。可不管怎么说，没有人喜欢打小报告的人，你的同事可能会记你的仇。所以，如果你要把他供出去的话，最好先确保你的上司能把他安全地处理掉。若是他有可能回来找你算账，你最好还是替他承担责罚。尽管你做出了牺牲，但这并不是出于善意，而是出于保险起见。这样一来，你就卖了他一个人情。

个人利益

然而，并不是所有哲学家都像马基雅维里那样冷酷无情，一些哲学家会将你所处的困境视作一个道德难题。但是，**托马斯·霍布斯**（Thomas Hobbes，1588—1679）会怀疑你的动机。他发现，你虽然假装是想要让自己的行为合乎道德，但其实只是想给自己找一条合适的出路。不幸的是，人往往都一心只顾着自己。霍布斯会严肃地告诉你，这就是为什么我们立下了法律和规矩——为了防止每个人都自私自利而不顾他人冷暖。在你的情境中，你的上司就是权威，所以你理应照他说的办。

简直是一派胡言！**让-雅克·卢梭**（Jean-Jacques Rousseau，1712—1778）反驳道，霍布斯的人性论太狭隘了——恰恰是因为这些法律和规矩，矛盾才滋生出来。卢梭认为，这套规范的体系是坏的，因为比起友谊、忠诚与奉献，它更看重物质的价值，并以此定立法律来保护财产。它的强力逼迫我们，让我们违背自己爱好合作、分享的自然天性。你被你的上司置于一个狗咬狗的境地，而他则坐收渔翁之利。不仅如此，也许恰恰是因为他的自私、贪婪和占有欲，你才开始钻公司的空子。卢梭会奉劝你别和这种人做交易，他会让你把事实告诉你的同事。人天性就是倾向合作的生物，而不是单纯地受自己的利益驱使。你和你的上司都被这个法律规范的体系给败坏了，但是你还能做出改变，从而防止类似的事再次发生——和你的同事谈谈，并商量出一个应对该情况的合作方案。

以上是一组针锋相对的人性论，你的行为似乎取决于你认同哪一方的看法。但在**亚当·斯密**（Adam Smith，1723—1790）那里，有一种处于之前两种极端论点之中间地带的、更为折中的观点。作为一个经济学家，斯密不太关心人们应当或不应当做什么，而是更看重人们的实际行为方式。他认为，虽然我们基本上是出

哲学家	行动方针
马基雅维里	无视道德，只为个人利益着想
卢梭	质疑规定，和被告合作
亚当·斯密	无视道德，理性行动
霍布斯	服从规定

于个人利益而行动，但是，这并不意味着我们不能为他人着想。他会解释说，这恰恰是市场经济运作的模式。人们并不是出于善心才从事生产和服务，而是出于为自己赚取钱财的目的。显然，在这种情况下，他们就不得不考虑他人的需求。虽然他们会因自己的产品受到认可而感到欢喜，但这并不是他们的首要动机。

我们生产和劳动，为的是填满自己的腰包，但同时我们也在满足他人的需求。因此，在这种模式下，每个人都能从中获益。然而，在斯密看来，这并不只是简单的利己主义：尽管我们的天性是自我优先的，但我们也是理性的动物，如果我们检视自己的行为，上述做法也确实是合理的。

对于你的问题，斯密首先会让你理性地审视当下的窘境，他

我们的晚餐并不是来自屠夫、酿酒师和面包师的仁慈，他们为我们提供食物是为了得到回报。

——亚当·斯密

不会让你站在道德的立场去思考，而是让你想想什么样的举措才是对自己最有利的，然后看看这能否也给他人带来一些好处。让我们看看你有哪些选择吧。你可以通过供出你的同事来和你的上司一笔勾销：这似乎是对你最有利的，也顾全了你上司的利益，但这会让你的同事蒙受损失。或者，你也可以袒护你的同事，但这样一来你与你的上司的交易就会落空。

如此看来，你与你的同事似乎产生了利益冲突。但是斯密会告诉你，竞争对于消费者而言恰恰是好事，因为这有助于增加产量并相应地使商品维持在一个低廉的价格。然而，这对于生产者则不那么友好。如今，我们理所当然地认为竞争有助于促进商业发展，然而，斯密也会指出，至少在某些情况下，理性的举措（也就是对我们最有利的举措）是合作而非竞争。在商业中，生产者降低售价，并集中资源，利用规模生产和高效劳动力来获得收益。如果这些企业唯利是图，那么它们也可以形成企业联盟并进行垄断，如此一来消费者们就别无选择而只能以它们的定价购买

	A缄口不言	A供出B
B缄口不言	A和B都被惩罚 （双赢） ✔ ✔	B被开除并进了监狱 A脱罪 （一输一赢） ✖ ✔
B供出A	A被开除并进了监狱 B脱罪 （一赢一输） ✔ ✖	A和B都被开除 （双输） ✖ ✖

相比较而言，非合作博弈不如合作博弈那么易于理解。当我们谈论合作博弈时，我们指的是这样一个情景，它包括一组玩家、纯粹的策略和一般意义上的报偿。但同时这个情景也预设了，玩家之间是能够并且有意愿合作的。

——约翰·福布斯·纳什

它们的产品。综上所述，斯密会让你看到与你的上司做交易的好处，但他也会提醒你，如果你能与你的同事达成协议，将再好不过了。

成败得失

还是让一个数学家来告诉我们真正理性的举措是什么吧。**约翰·福布斯·纳什**（John Forbes Nash，1928—2015）是“博弈论”（game theory）的先驱，他的理论使得哲学对道德的思考获得了一个新的视角。如果我们将生活中的情境看作博弈，那么纳什认为，我们就预设了成功等同于在一场十分激烈的竞争中取胜。然而，如果扭转一下思维定式，我们就会发现，在许多情形下，并不只有单方的胜利或失败，而是存在着互利共赢的可能。但是，这就意味着我们要摒弃竞争的念头并接纳合作的理念。就你的情况而言，你可以将其看作一场你与你的同事之间的博弈：要么你赢他输，要么你输他赢。

但是还存在着另一种途径。比如说你和你的同事被发现出于私人目的擅用公车，你的老板知道你们动用了公司财产，然而他找不出证据，所以他打算和你做笔交易：要么坦白并供出你的同事——这样他就会被开除和起诉，而你的过失则既往不咎；要么缄口不言——这样你就得接受惩罚并被扣工资。你知道他给你的同事开出了同样的价码，所以，你们如果互相出卖了对方，那么就都会被开除，但这样一来，老板也就不会起诉你们。

那么，你该怎么做呢？很显然，你想要尽可能地赢（至少将损失最小化），你如果要供出你的同事，那么也会同样面临着被他供出的风险——如果他这么做，你毫无疑问将会被开除。如果你保持沉默，那么要是你的同事供出了你，你就会丢掉工作去吃牢饭，但要是他也缄口不言的话，你们最多被教训一顿、扣点工资。所以，对于你们二人而言最佳的策略就是合作，即双方同时保持沉默，只有这样才能带来双赢的结果。相反，你如果拒绝合作，那么就不得不背负巨大的风险。更何况，你的良心似乎也更愿意接受合作共赢。

抉择时刻

你如果只想明哲保身，那么可以从尼采和马基雅维里那里获得支持。可你如果觉得自己不能接受上述那般丛林法则的话，也可以转向霍布斯或者卢梭，寻求一种政治性的规则。当然，你也可以在斯密和纳什那里找到一种更为理性的方案，即互利共赢。

人工智能拥有自我意识吗？

图灵 ‖ 塞尔 ‖ 笛卡尔 ‖ 赖尔

在大多数情况下，你的电脑都会严格遵循你的指令。但是，有些时候它根本就不理你，甚至会自作主张，仿佛在拒绝服从你的指示。当然，这极为荒谬，因为它只不过是一台机器——一个死的物体。然而，恰恰是这样一台机器，有时表现得好像拥有心灵一般。这只不过是你的胡思乱想：你在用自己的臆测解释电脑的运行，因为机器根本就不会思考，至少，它们不会像我们这样思考。

你的同事们或许也都认为机器不能思考。他们嘲笑你：居然有人觉得自己的电脑在有意识地反抗指令。即便如此，他们也不得不面对这样一个问题：尽管你桌上的这台电脑并不能同人类一样进行思考，但是我们是否有可能造出一台会思考的计算机来呢？这虽然听上去有些科幻，但并非我们的想象所不能及。

早在计算机科学的初期阶段，人工智能就已经是一个热门的话题了，并且该领域的先驱们——**阿兰·图灵**（Alan Turing，1912—1954）就是其中的一员——也曾尝试对此进行过种种哲学思考。在人们发现我们有可能制造一台可编程的计算器之后不久，我们的前辈们就马上提出了这样一个问题："机器能够思考吗？"图灵认识到，仅仅简单地回答"是"与"否"

> 我为机器之高重复性所震惊。
>
> ——阿兰·图灵

是远远不够的，他认为，我们或许能够通过某种科学的测试来检验机器是否拥有智能。

图灵测试

图灵的测试方法很简单，它基于当时风靡的一种室内游戏——“模仿游戏”。游戏中，一男一女两位玩家将被领到两个分开的房间，第三位玩家向二人提问，先前的二人则要写下他们各自的回答。最后，提问者要根据二人的回答来判断回答者的性别。“图灵测试”的规则与之大同小异，只不过回答问题的玩家不再是一男一女，而是一人一机。图灵强调，这并不是角逐答案正确度的测试（如果是这样的话，高级的计算机肯定能给出比人类更准确的答案），相反，游戏的双方要让提问者相信自己是人类。

基本哲学问题

机器能够思考吗？它们是否拥有理解能力或者意识？我们的大脑就像机器一样吗？还是说，我们的心灵与肉体是二分的？

如果提问者并不能辨别人机的话，那么机器就通过了测试。然而，对于机器而言，通过这样的一个测试又意味着什么呢？这恰恰是图灵从科学转向哲学的关键。他会说，一台机器如果能够叫人难以辨认出其所给出的回答与真正的人类所给出的回答之间的区别，那么它就显露出了智能的迹象——不管怎么说，人工智能也是智能。而当我们进一步追问："它（机器）在思考吗?"图灵会微微一笑，然后告诉我们机器并不如我们所思考的那般思考。"可是，你又如何称呼它所呈现的这种现象呢?"他认为，这取决于我们对于"思考"的定义。

你可能会觉得图灵在回避关键的问题。你并不否认你的电脑确实在运行着，而且看上去它是在思考，但你更想知道的是，它究竟是否拥有心灵——它是否知道自己在做些什么？它是否有如此做的意愿？**约翰·塞尔**（John Searle，1932—　）会试图让你相信你的直觉：计算机并不知道自己在做些什么。为了证明这一点，他告诉你他有一个能够处理用汉字书写的中文信息的程序，并且这个程序能够给出准确的中文回答。这个程序非常先进，它通过了图灵测试，而且，连中国人都不能将装载了这个程序的计算机和人类区别开来。现在，塞尔说，将一个一点儿中文都不会的人安置在一个房间里，并且令她能够获取来自这个计算机程序的全部信息。接着，她收到了用汉字写下的问题。她可以根据程序的指示用中文写下一条令人信服的回答，尽管她一个汉字都不认识。

这难道不是计算机的运行模式吗？塞尔如是问。纵使它们给人以一种知道自己在做什么的印象，可事实上它们难道不是在单纯地服从指令吗？塞尔认为，思考必定意味着对自己的行为有所理解。机器缺少的是意识，即理解、感受、官能、认识和动机的综合。所以你不能说你的电脑在“思考”，既然它没有在思考，那就说明它根本没有心灵。

然而，我们不妨把思维逆转一下，如果机器由于没有心灵而无法思考，那么人类又如何呢？我们的大脑不就是一个精密的有机计算机吗？在**勒内·笛卡尔**（René Descartes，1596—1650）看来却并非如此。他会反驳，人之为人的独特之处就在于他同时拥有物理性的身体和非物理性的心灵。同时，笛卡尔会告诉你他是通过科学的方法得出这一结论的：他要是不能在理性的基础上证明某个判断是无可辩驳的真理，那么就会对其进行怀疑。

笛卡尔会让你想象一个专爱戏弄人类的恶魔，这个小小的魔鬼能够让你对周遭世界和自身产生怀疑。它甚至能够欺骗你身上的每一处感官，因而你就无法相信你所闻所见所感的一切。如果你不再信任身体所传达给你的信息，那么或许这个身体根本就不存在，如此一来你就不得不怀疑自身的实存。

机器中的幽灵

不过，现在就下定论未免有些操之过急，让我们先别这么快跳到他的结论。如果你对自身的实存产生怀疑，那么一定有一个做出怀疑行为的东西，这肯定就是你自己。你在思考，所以你确实存在，用笛卡尔的话来说就是“Cogito ergo sum”（我思故我在）。但是，由于你刚才已经确认了自己的物理性存在可能只是一

心灵是实体，但与身体是不同种属的实体。
——吉尔伯特·赖尔

个幻象，那么这个“你”就得是其他的什么东西——一个非物理性的、能够思考的并且能与你的身体分离的东西。笛卡尔会告诉你，这就是人们往往称为精神或灵魂的东西，但他将其视作心灵。

假如说你甩掉了那个骗人的恶魔，重新获得了自己的感官，那么你就会认识到：你的身体给你提供的，都是物质世界的信息，而你的心灵则负责处理你思维世界中的信息。尽管你的身体和你的心灵是两个分开的实体，并具有不同的实质（物质的和非物质的），但是它们毫无疑问是联系在一起并且能够互相交流的，且笛卡尔认为，二者之间的交互发生在大脑内部（具体来说是在松果体附近）。

吉尔伯特·赖尔（Gilbert Ryle，1900—1976）却认为笛卡尔简直是一派胡言。在他看来，笛卡尔错在混淆了两种不同事物的界限，即具有感官和大脑的物理性身体，和这些器官所具有的性质和功能。这就好像是“选民”这个抽象的概念与有血有肉的、有选举权的人的区别。当然，它们都是存在的，但是以不同种类的方式存在着，就像心灵与身体存在的区别那样。笛卡尔的致命缺陷在于他犯了一个范畴上的错误（category mistake），因为他预设了心灵与身体属于同一范畴（即便它们是分离的），这就导致他得出了一个完全错误的结论：仿佛机器中有一个幽灵，但事实上并没有。你的精神生活乃是你的物理性身体的一个性质、一个功能，尽管二者有所差异，但它们不可被分离开来。根本而言，除了组成我们身体的不同物质之外，再没有别的什么了，而我们口中的“心灵”不过是对我们身体性质的一种描述。

如果我们的身体，或者说这台机器中并没有这个“幽灵”，那么这台机器又何必成为其组成部分之外的东西呢？你的计算机中当然没有“幽灵”，所谓“心灵”不过是其操作，也就是被编排好了的程序。然而，迄今为止人们还没能完全弄明白意识究竟是什么，制造一台有意识、有目的并且能够理解其行为的计算机似乎是不可能的。从另一角度来看，我们的大脑不过是成千上万的细胞所组成的神经电信号的网络，可恰恰是这样的东西让我们能够思考并拥有意识——既然如此，那么一套精密的电子回路又与之有何区别呢？电子回路的运转又何尝不能被解释为思考呢？

抉择时刻

计算机能够思考吗？这取决于我们对“思考”的定义。图灵和塞尔为我们提供了两种视角，来考察计算机究竟是在真正地思考，还是只是在处理信息。可是，计算机所做的信息处理又与我们的大脑行为有什么区别呢？你或许赞同笛卡尔，认为我们的心灵与物理性的身体是二分的，或者你更认同赖尔，觉得不存在“机器中的幽灵”。

凭什么我天天996只能勉强糊口，而某些人无所事事却能日进斗金？

苏格拉底 ‖ 亚里士多德 ‖ 潘恩 ‖ 卢梭 ‖ 西塞罗 ‖ 罗尔斯 ‖ 诺齐克

有时候这世上仿佛毫无正义可言。你尽了最大的努力来供养自己的家庭，试图以此来过上体面的生活，而事实却是，你不得不为了勉强维持生计而不断挣扎。在你呕心沥血加班的同时，你的老板刚结束了一场短会，享用了一顿丰盛的午餐，现在正在去高尔夫球场的路上，而他却能挣得比你多得多。他凭什么能活得这么滋润？这根本就不公平……

如此看来，你似乎确实受到了不公正的待遇。不过，你不是一个人，这个世界上有成千上万的人为了一点微薄的薪金而拼命工作，而只有很少一部分人过着奢华的生活。你可能会认为，一个历经了数千年的文明本应该能够创造出一种更公平的社会形式。而现在的情况却是，贫富之间的差距日益增大。这肯定是不对的，不是吗？

基本哲学问题

当我们大谈“正义”的时候，我们指的究竟是什么呢？正义与平等是一回事吗？正义究竟是关乎我们的权利，还是关乎公平呢？

事实上，这个问题自古希腊时期就在困扰着哲学家们。当时的雅典人建立起了一种他们引以为傲的民主法治社会。然而，在该社会内部，也存在着**苏格拉底**这样的讨厌鬼：他不满足于简单地全盘接受这样的体制，而是要质疑体制（还有其他一切事物）本身，看看它到底是否合理。可如果你想要向苏格拉底申冤的话，他既不会支持也不会反对，更不会同情你的遭遇，相反，他会开始询问你的想法和你切实的意图。

所以说，找苏格拉底谈心简直就是自找麻烦，因为他对一切问题的回答都是“你说得对，但是……”然后就用一系列问题来质疑你起初提出的观点。这就是苏格拉底切中任何问题要害的方式，而非一上来就为你提供一种解决方案。尽管这种方式很叫人反感，但是苏格拉底也借此让你思考了究竟什么是正义，以及你口中的不正义具体又是什么。就你的情况而言，他会抓住你所说的“这不公平”。你所说的“公平”又指的是什么呢？你指的是“平等”吗？也就是说，你和你的老板应该有一样的工作量，从而得到相同的报酬？或者，你的“公平”指的是“正义”？你认为自己干得比别人多赚得比别人少就是不正义吗？那么，正义与平等可以一概而论吗？如果不能，你觉得“正义”又是什么呢？

正义与平等

你所做的不过是指出一些人过得比另一些人好似乎是不公平的，而苏格拉底则试图让你定义什么是“正义”。绝大多数的古希腊哲学家都会告诉你：这可不是什么容易的差事。比如，**亚里士多德**就认为，我们虽然能够辨认出正义与不正义的事物或行为，但并不能言说正义本身究竟是什么。就像其他许多抽象的概念一样，我们尽管能够一眼认出它们，实际上却不能对其进行定义。接下来，亚里士多德会继续解释正义与平等之间的差异：虽然平等是正义的一种表现形式，但是正义并不能总是被等同于平等。

这又使得我们面临接下来这个问题：我们所说的“平等”是什么意思？存在着不同种类的平等吗？如果说古希腊人以建立起

一个正义的社会为目标的话，18世纪美国与法国革命背后的思想家们则试图构筑一个更平等的社会。而你所抱怨的某些人干得多挣得少而另一些人干得少挣得多，正是**托马斯·潘恩**（Thomas Paine，1737—1809）所操心的问题。潘恩认为，正是特权导致了不公正的出现：一些人生来就被财富和地位所包围，而另一些人生来就与之无缘。然而，这种悬殊能够通过在某些方面赋予所有人（讽刺的是，潘恩的“所有人”仅限于成年白人男性）同等的权利被弥补，即机会的均等。他甚至可能会自豪地解释说，正是有了自己的《人权论》（*Rights of Man*），才能唤出20世纪的女权和民权运动，以及最终的《世界人权宣言》（*Universal Declaration of Human Rights*）。一切人都拥有同等的权利——这就是正义。

先别这么着急，**让-雅克·卢梭**如是道，在法律上写明人人平等的确很美好，但是假若你所处的社会体制不允许的话，那么平等也不过是张空头支票罢了。此外，卢梭还会强调，一切关乎“权利”的讨论都是存在问题的。导致不公正的不仅仅是特权，还有财产权——我们现存的社会成立的目的就在于保护一些人的权利，尤其是这一些人拥有财产的权利，因此，这样的社会对于其他人而言就是口惠而实不至。法律本应该主持正义，而如今却嫌贫爱富，沦为保护一小部分人财产的工具。在卢梭看来，问题的根源就在于私有财产，以及财富分配的不均等。因此，不论法律

我们所拥有的财产是自由的工具，而我们所缺少的和所渴求的财产则是奴役的工具。

——让-雅克·卢梭

正义是一切人应得的。
——马库斯·图利乌斯·西塞罗

号称你有什么权利，只要这个问题存在，就不可能有均等的报酬。首先要做的就是废除财产私有制，然后分配给所有人均等的社会财富。

公平与财产权

那么，我们现在就有了两种平等：机会的均等与财富的均等，即潘恩的平等权利和卢梭的平等分配。二者似乎都有理由成为一种正义的体现形式，也好像符合**马库斯·图利乌斯·西塞罗**（Marcus Tullius Cicero，公元前106—前43）的名言："正义是一切人应得的。"然而问题在于，你如何决定一切人应得的东西是什么呢？两位美国哲学家，**约翰·罗尔斯**（John Rawls，1921—2002）与**诺齐克**就如何解释正义给出了两种截然不同的回答，并恰好呼应了潘恩和卢梭的争论。

罗尔斯在审视了你的境况后会认同你"这不公平"的看法。对罗尔斯而言，公平是在正义之下的一个原则。但是，他进而会问你，假如你恰好生于富贵之家，能够坐享特权并且平步青云、财源不断，那时你还会愤愤不平地大喊"这不公平"吗？你虽然可能会私下里觉得这不太

> 以正义的方式从正义的条件中产生的就是正义本身。
>
> ——罗伯特·诺齐克

合乎正义，但是也并不会因此而抱怨。高收入者将低收入者的对平等的呼吁视为“嫉妒的政治”而嗤之以鼻，而低收入者则谴责日益增大的不平等，并称之为“贪婪的政治”。虽然他们不可能都是对的，但是就不能有一种更公平的方式吗？罗尔斯认为这样一种方式是存在的。他会让你设想自己正试图与另一些人共同经营一家公司，并且你并不知道自己将会是老板、中层领导还是最底层的员工：这样的设定会如何影响你对工资和工时的分配呢？你因为是在罗尔斯所谓“无知之幕”后进行决策，所以肯定会选择一个对所有人都平等的公正的体系。

然而诺齐克走上了另一条进路。他将公正的原则视为权利——不是特权，而是法律所规定的权利。即便这可能会导致不平等，但它毫无疑问是正义的。如果你拥有一样东西，那么除非你自己选择将它出售或赠予，或者你一开始就是以非法的途径获得它的（比如偷窃或诈骗），否则任何人都不能占有它。所以，从每个人都拥有财产权的角度出发，不论这个财产是物品、土地还是金钱，所有人都能在双方允许的条件下参与与他人的自由交换活动。只要交换

罗伯特·诺齐克

手段是合法的，那么每个人都拥有对其所有物的权利，这样一来，经由合法手段的分配就是正义的，哪怕分配存在着巨大的差异。所以，如果你想强行削减你老板的收入进而增加自己的工资来确保公平性的话，这就是不正义的，就算你将他所上缴的税额进行重新分配也不行。尽管你有千万个不服气，但是你的老板作为公司的领导者或拥有者就是有权占有他的财产，前提是这些财产是通过合法途径获得的。同样，你也只能占有你所能占有的那一部分，不能少也不能多。

正义的准则是在无知之幕的背后被确立的。

——约翰·罗尔斯

抉择时刻

首先，苏格拉底会向你提问，质询你到底认为什么才是不正义的。你可能会像亚里士多德那样，认为这是不平等造成的，但是不平等又不能完全等同于不正义。你也可以像潘恩那样要求机会均等，或者像卢梭那样要求财富均等。当然，你也可以像罗尔斯那样将正义定义为公平，或是像诺齐克那样将其定义为拥有权利。

中年失业的我该怎么自救？

爱比克泰德 ‖ 马基雅维里 ‖ 斯密 ‖ 马克思 ‖ 罗素

这真是个不幸的消息。你成了在不可避免的时代进步中被淘汰的那批人。在信息化时代，工厂不需要那么多的人类劳动力，加上如今的经济形势，公司也不得不减少其运营成本——想要勉强维持生计变得十分困难。更何况，即便你能够靠着救济金活下来，当一条失去梦想和工作的咸鱼未免也太堕落了。难道非这样不可吗？

看来幸运女神并没有眷顾于你。毕竟，你失去了基本的收入来源，所以你的担忧确实合乎情理，况且，这并不是你的错。你或许会感到自己对生活失去了控制，在某种程度上，你的感觉是正确的。这样的话，你或许应该鼓起勇气尝试一下斯多葛式的冷静。关于斯多葛式冷静的具体事宜，你不妨咨询该学派哲学家中最德高望重的老前辈**爱比克泰德**（Epictetus，55—135）。爱比克泰德将会教导你的第一件事，就是摒弃人们对斯多葛学派只是"微笑并忍耐"的误解，因为斯多葛学派的真谛要比这更微妙一些。

爱比克泰德会承认，世上有很多东西不是我们能够掌控的。你想野餐，可偏偏下起了雨；你把新车停在停车场去购物，结果被不知道哪个家伙给撞坏了。当然，你失业的不幸也算其中之一。但是，爱比克泰德会说，这些你所不能掌控的都是外在事物，真正重要的是你能够掌控的欲望与野心、行为与举止，以及这之中最关键的：你对待生活的态度。总会有糟糕的事发生，好事亦然。

> 从长远的角度来看，工人之于其雇主的必要性，正如雇主之于工人的必要性，然而后者的必要性并不那么迫切。
>
> ——亚当·斯密

虽然这些都非你力之所能及，但是你可以学会让自己不以物喜，不以己悲。你丢掉了工作之所以很难过，是因为将工作看得太重，以至于工作而非你自己成了你自身价值的证明。爱比克泰德会让你关注自身的内在价值，这样一来，不论发生什么，你都能从容应对。

这种方法当然很好，但是摆平心态只是处理你目前境况的第一步。在**马基雅维里**看来，爱比克泰德只对了一半。也就是说，虽然有些事的确超出我们的力之所及，但还有另一些事是我们能够掌控的。就拿你的失业来说，失业固然不是你的错，但是你也可以将这次失业视作一次机遇。说不定你可以重新接受职业培训，去做一些自己一直想做的事情，又或者，你可以小小地报复一下你曾经的上司，比如利用你的内部消息成立一家公司与之竞争，或是加入你们曾经的对手公司。

基本哲学问题

一部分人的失业是不可避免的吗？是否能够存在一种能够为一切想工作的人提供机会的经济体制？劳动究竟是一种美德，还是一种令人不快的必需品？无所事事就是不道德的吗？

尽管马基雅维里的方法能够振奋人心，但是你如果接受了失业的事实，不妨对其背后的原因一探究竟。对于失业的原因众说纷纭，让我们先来看看两个各执己见的哲学家——**亚当·斯密**与**卡尔·马克思**——怎么说。斯密虽然会万分同情你的遭遇，但也会解释说你的工作只是巨大经济机制中微乎其微的一环（面对这种轻视，马克思可能早就吹胡子瞪眼了）。斯密认为，经济是由市场规律控制的，即供需关系。商家进行生产，将产品出售以赚取利润，而消费者则花钱购买其所需的东西。如果产量增长，那么价格自然就会下降；如果需求增长，那么价格就会相应上涨。但是从长远的角度看，所有人（买家和卖家）都会获利。但这些获利者中唯独没有工人，马克思反驳道。啊，没错，斯密承认，这真是太不幸了，如果劳动力过多，一些工人就会失业，但是工资也会相应降低，商家也就能以更低的成本进行生产，进而刺激消费需求，这从长远角度看亦是好的。

至此，马克思估计已经怒发冲冠，并试图将你从斯密的思路里拉出来。他会说，斯密所说的市场经济的确是正确的，但这并不是最理想的经济模式，况且市场经济不可避免地会在繁荣与萧条之间摆荡，因为它以工人阶级的不幸为代价。在这种经济模式下，工人们被视作机器中的齿轮，被剥削和异化，一旦他们丧失了劳动能力，就会被废弃。资本家们（大企业家和工厂主）就是利用了工人们对工作的需求，从而以极低的工资雇用他们。这就是你失业的原因，马克思说，你现在打算怎么办呢？他会建议你利用你的时间参与到政治中去，教化你自己和其他人，从而让人民意识到在不公正的资本主义体系之外，还有其他可能性。

马克思对资本主义的强烈谴责也许会让你热血沸腾，但我们

卡尔·马克思

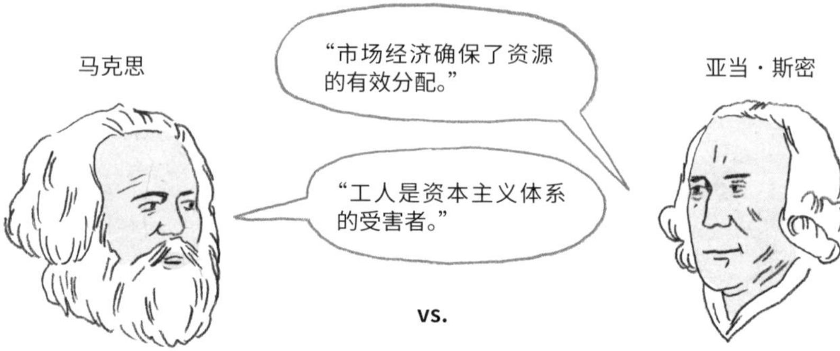

不妨也采取一种更审慎且平和的视角来看问题。有谁比叼着烟斗的和平主义者**伯特兰·罗素**（Betrand Russell，1872—1970）更合适呢？他认为失业很大程度上应被归咎于机械化，放到今天来说就是计算机化。如今机器有时能够取代上百个工人。有了更加高效的机器，产量也跟着提高了，所以，工厂主会怎么做呢？他们肯定会开除大部分的工人并且进一步降低工薪，与此同时，那些还能保住饭碗的工人的工时仍旧不减，甚至还需要加班。这简直是疯了。为何不保留工人们的工作，同时减少他们的工时，用多余的产品来补足他们的工资呢？这样难道不是对所有人都有好处吗？

不，罗素叹了口气，人们总是抱有这样一种愚蠢的清教徒式劳动伦理学：过多的闲暇是一种罪恶，尤其对工人阶级而言。劳动，在罗素看来，被赋予了过高的价值。你如果能够生存，也并不需要工作，难道不正应该将工作留给那些有需要的人吗？事实上，我们难道不应该时不时地鼓励你变得懒散一些吗（如果你不介意不工作的话）？这样就能给那些真正需要工作的人制造机会了。游手好闲并不是一种罪恶，成天坐着思考人生问题当然也不是罪恶——哲学家们干的就是这个。思考哲学比成天工作有趣多了，为何不尝试一下呢？

抉择时刻

你会采纳爱比克泰德的建议，平静地接受并继续一如既往地生活吗？还是说，你会听从马基雅维里，采取积极的行动？你也可以赞同斯密，承认自己现在的境况是市场经济不可避免的后果，但同时也像马克思那样反抗该体系本身。或者你更倾向于罗素，庆幸于自己能够享受一段时间的闲暇，甚至是提前退休。

第三章：生活方式

应该允许安乐死吗?

边沁 ‖ 密尔 ‖ 霍布斯 ‖ 格洛弗

无法医治的疾病与年岁对人的摧残完全能够破坏一个人的生活，以至于让人失去活下去的动力。如果同样的情形出现在与我们相伴已久的宠物身上，大部分人会怀着痛惜之情承认，与其让这个可怜的生命继续承受着不必要的痛苦，不如让它解脱。但是同样的方法并不适用于我们人类，哪怕当事人自己想要了却一生。我们为什么不能让他们离开得体面一些呢?

这个问题如今激起了众多讨论，或许是因为我们能活得更久了，先进的医疗设备意味着我们的寿命得以被空前地延长。相应地，也有人呼吁，法律应当允许人们在不能自我了结生命的情况下让他人代替自己完成这一行为。然而，政府却一直不愿意给予任何形式的自杀或安乐死（有时会被贬为“善意的谋杀”）以合法性，许多专业的法律和医学人士对此也充满争议。这些争论往往都带有感情色彩或宗教色彩，而非完全出于理智。那么，哲学家们对此又有什么见解呢?

杰里米·边沁会给出一个直截了当的回答，毕竟，他是功利主义的典型代表。抛开一切道德冲突，边沁会说，这在于权衡哪种手段能带来最大的好处。在这种情况下，我们只需考虑两件事，痛苦与愉悦，因为这两者决定了一个行为在伦

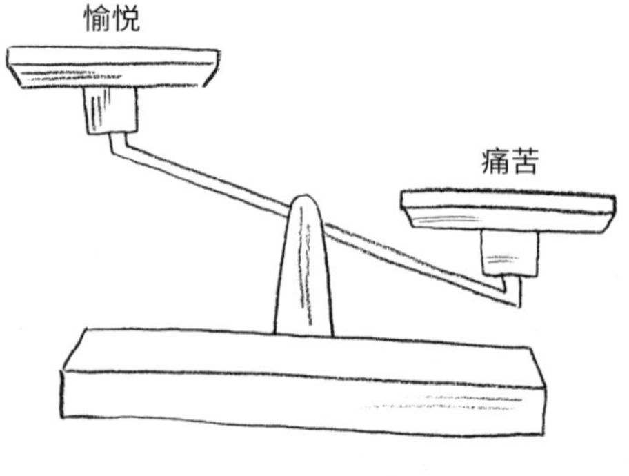

> 你给他一寸，他就进一尺。
> ——托马斯·霍布斯

理上的正确与否：正确的做法就是让愉悦最大化的同时让痛苦最小化。总而言之，这就是功利主义。如果一个人正承受着痛苦，那么减轻他的痛苦就是好的，而加重他的痛苦就是坏的。

话虽这么说，实践起来却非常不容易。你如何来衡量痛苦呢？你又如何来衡量一个人死亡时的尊严？另一个问题是，如果你站在更高的角度来看，那么这不仅仅关乎结束一个人的痛苦。事情往往是有两面性的：比如，你现在帮助这个病人安乐死，可能就剥夺了她未来享受愉悦的权利。既然功利主义追求最大多数人的利益最大化，那么我们还要考虑这一行为对其他人的影响。这个人的死亡可能会让她的家人和朋友解脱出来，从而不必再承受身心上的负担。当然，也会有人因为她的死而陷入深深的悲痛。边沁这时会说，这尽管看上去是个再直接不过的问题，但是其中也包含了对于一切因你的决定所造成的愉悦与痛苦的复杂计算。

扮演上帝

在边沁的后继者**约翰·斯图尔特·密尔**那里，这个问题也并没有变得容易。虽然密尔的思想沿着基本的功利主义进路，但是他也拥护个人自由，因此形成了他自己独到的观点。密尔会说，因为你的身心都是你自己的，所以你尽可以对自己做你想做的事，唯一的前提就是你不能妨碍到他人。所以，你如果想要终结自己的生命，且你的行为不会伤害到其他人，那么就完全可以这么做。

基本哲学问题
协助自杀在道德上能被正名吗?

当然了，你也必须考虑到自己的自尽行为是否会对他人造成身心上的伤害，但不管怎么说，选择权终究是在你自己手上。只不过，一旦我们谈及他人，事情马上就会变得复杂起来，比如协助自杀。问题在于，这个有效地导致了你的死亡的人（或是至少参与了你的自尽行为的人）是否对你造成了伤害。这个人当然可以指着你的遗嘱说自己是在实现你的愿望，但不管怎么说，这仍然有些投机取巧的成分。

真正的问题在于，究竟是谁做出了决定，又是谁将其付诸行动。你让别人按照你的意志来为你提供帮助，与你事先留下指示然后由别人决定是否执行之间有着根本的区别。如果你没有能力了结自己的生命，甚至都不能让别人这么做，那么这种情况不是就将他人置于“扮演上帝”的境地了吗？清醒而平静地让你的朋友或医生给你一些药片，然后自己决定吃不吃，这是一码事，而让他们直接给你注射药物又是另一回事。但是，如果让一个人缓慢而痛苦地死去，那就只是遵循了自然法则，谈不上“扮演上帝”，相反，如果给这个人致死量的药物就是权力的僭越。我们究竟应该选择哪一种呢？如果一个人想要去死，而我们的介入却让他不得不继续活着，此时的我们难道不是在擅自扮演着上帝的角色吗？

看来边沁当初直截了当的解释依旧不能涵盖问题的全部，那么，就让我们听听另一位直率的英国哲学家**托马斯·霍布斯**的观点吧。霍布斯一上来就会先嘲讽一通个人自由，认为必须要有严苛的法律才能确保人们做出正确的行为。一旦我们开始让步或是

> 唯一合乎自由的自由，就是人用自己的方式争取自己的利益，只要我们不试图去剥夺他人的利益，或是阻碍他人去争取他自己的利益。
>
> ——约翰·斯图尔特·密尔

允许例外的出现，那么就注定有人会借此投机取巧，从而导致一系列的危险。如果你承认一个行为在道德上是合理的，那么这就有可能造成道德指标的摆动和一系列道德判断的改变，而这恰恰是众多不幸的端倪。

就拿安乐死来说吧。如果我们允许安乐死，那么“杀人是不对的”这条准则就不再那么绝对，因为我们承认了某些情况下杀人是合乎道德的。这就仿佛是打开了潘多拉的魔盒，即一些人会借机除掉另一些人：有的人会利用这个机会摆脱对家庭造成负担的成员，或者干脆摆脱他们讨厌的人；还有的人甚至会利用这个漏洞来谋财害命。更为严重的是，一些没有道德底线的医生可能会滥用手中的生死大权来空出病房的床位，或是为医院减少开支；一些疯狂的医生甚至会参与立法，允许医生在我们不知道的时候对残障的病人（不管他们是有精神疾病还是有智力缺陷）实施非当事人自愿的安乐死。当然了，霍布斯会说，这些都是最坏的情况，但是谁能保证它们不会发生呢?

总之，霍布斯认为道德滑坡的风险实在是太大了，因此我们需要一套严格的法律限制任何形式上的安乐死，甚至在本人允许的情况下协助自杀也应当是被禁止的。或许连自杀都应当被定罪，从而来防止人们做出可能会让自己后悔的举动（前提是他们活了下来)。转念一想，假如你活着的时候立下明确的嘱咐，希望有人协助你终结自己的生命，但是你现在的状态已经不能传达自己的想法了，这时我们是否应该认定你依旧是想死呢？我们怎么才能知道你是否在最后一刻改变了想法？你允许别人对你实行安乐死，究竟是因为你自己真的想死，还是因为不想成为家人的负担呢？

乔纳森·格洛弗（Jonathan Glover，1941—　）会让我们重新审视霍布斯所描述的那种不幸，看看霍布斯的担忧是否有其根据。尽管安乐死确实存在道德上的争议，但是你已经给出了许可。如果最终你的行为能够被接受，那么这就开创了一个先例，同时由于这个先例内部存在着一些不太能够被接受的行为，所以又会出

危险的道德滑坡

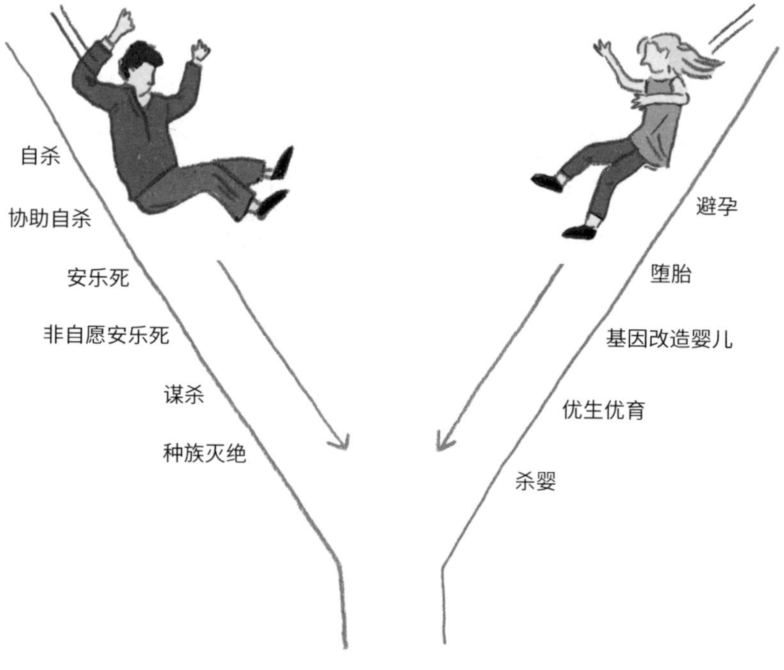

现其他的先例。如此一来，在能够被接受与不能够被接受的事物之间的界限就会越来越模糊，并因此导致一些无意的恶果。为了避免这些无意的行为造成的悲剧，法律与医学界的权威在安乐死问题上一开始就应该采取反对立场。

上述霍布斯式看法或许有些担忧过头了，因此格洛弗举了一个堕胎的例子，人们对堕胎行为本身的态度恰恰也是好坏参半。对于堕胎而言，的确存在着例外情况：比如怀孕行为严重威胁到了母亲的生命，或是被强奸而怀孕等非自愿情况。一旦上述情况被予以承认，那么堕胎至少有时是可以被接受的，甚至在上述情况之外：比如带有先天残疾或遗传病的胎儿。类似的情况可以进一步展开，乃至于当母亲无力抚养孩子、孩子生下后可能遭虐待的时候都可以进行堕胎，由此，我们可以预测到，之后人们就会允许紧急避孕，甚至是优生优育政策。

接下来让我们更进一步。问题的关键在于，在何种情况下的堕胎是应当被允许的。在何种情况下堕胎会变成谋杀？一个胚胎在什么时候才算作一个生命？我们该如何划定界限？对于有严重生理残缺的胎儿也是如此。如果孩子的残疾到了出生时才被发现怎么办？如果孩子的残疾十分严重并且不可治愈，只能痛苦地等待死亡的话，那么对这个孩子进行安乐死是正确的吗？如果残疾在孩子一个月大时才被发现呢？三个月？六个月？堕去一个严重畸形或残疾的胎儿很难不被等同于杀死一个残疾的孩子，这是一种危险的道德滑坡。

而我们所讨论的问题则处于生命的另一端：二者唯一的区别就在于成人能够给出许可。一旦我们接受了自愿安乐死，那么非自愿的安乐死又何尝不可呢？

> 自然将人类置于两位主人的统治之下，即痛苦与愉悦。这两位主人指示了我们应该做什么，也决定了我们将要做什么。
>
> ——杰里米·边沁

格洛弗认为霍布斯的语言虽然有可能变成现实，但并非无法避免。与其担忧最坏的结局到来，格洛弗建议我们先看看当我们切实采取第一步时到底会发生什么。已经有法律允许在当事人同意的情况下的协助自杀行为，并且也没有演变成霍布斯预想的那种悲剧。但这是由于立法者深知其背后的危险，所以才会十分谨慎地引入允许协助自杀的法律，并且一旦关于安乐死与堕胎的合法性出现了定义上的分歧，他们必然会小心翼翼地划分上述诸问题之间的界限。

抉择时刻

以边沁和密尔为代表的功利主义哲学家会支持你选择安乐死，但他们也会提醒你要思考该行为背后的问题——这可远不止“我的生命我做主”这么简单。尽管格洛弗能帮你克服恐惧，但是你也有可能还是会接受霍布斯的劝告，认为协助自杀可能会成为潘多拉的盒子，从而导致一系列不可控的结果。

我能相信顺势疗法吗?

休谟 ‖ 亚里士多德 ‖ 海什木 ‖ 培根 ‖ 笛卡尔 ‖ 波普尔

顺势疗法认为，将极其微量的药剂稀释在水中能够产生医疗的作用，并且药剂的剂量越小，效果越好。虽然这种疗法看起来与常理背道而驰，但是仍有上百万人相信顺势疗法具有的功效，甚至要求医生对自己采用顺势疗法。然而，科学家们一致认为，顺势疗法根本就不具备任何实际的功效，说白了，就是伪科学。

你似乎对顺势疗法还抱有疑虑，但你也想试图相信这种疗法真有它的拥护者所鼓吹的那种功效。其实，你真正找寻的是一种验证顺势疗法有效性的方法。你运气很好，因为碰巧就有这样一种方法，它的名字叫“科学”。麻烦的是，并不是所有自称为科学的东西都是科学的，你也可能因此而被一通胡言乱语给哄骗了去。然而，这些东西之所以被称为“伪科学”，事实上只是因为它们没有遵循科学的方法罢了。

你可能会困惑，科学的方法真有那么重要吗？科学又能比信仰强到哪里去呢？哲学家们会告诉你，在宗教的范围内谈信仰当然是可以的，甚至更合乎道德，然而，当我们面对物质世界的时候，我们必须将自己的观点建立在证据与推理的基础上，并得出一个合乎事实的结论，而非盲目信仰。这

基本哲学问题

信仰的确不如科学依据来得更有说服力吗？有没有什么连傻子都懂的证明方法？究竟什么是“科学方法”？所谓“科学方法”值得我们相信吗？

就是科学的基础以及科学的游戏规则，通常我们管它叫“科学方法”，但事实上，“科学方法”中又包含了多种有细微不同的方法，这些方法被用于检验一个假设或一个观点是否合乎事实。

要想理解科学在证实或证伪中的重要性，你就必须动用一些常识，这是**大卫·休谟**（David Hume，1711—1776）会在一开始给你的指南。当有人跟你说起一个天方夜谭时，你应该马上切换到怀疑模式，而非一上来就全盘接受他的说法。所谓天方夜谭，或是奇迹，其本性就是与科学的原理背道而驰。你要看清，究竟是这则故事本身违背了科学定律，还是讲故事的人试图以此来哄骗你。如果他想推销给你一个“奇迹药水”，那么这个药水究竟有多大的可能性真的超越了目前的医疗科技水平？这个药贩子又有多大的可能性是在说谎呢？

普遍的法则

有了怀疑主义的观念，我们就能审视科学本身，从而比较科学与信仰的可信程度。这时，第一个站出来为科学辩护的哲学家**亚里士多德**会向你传授他自己总结万物运行规律的方法。亚里士多德发现，总结万物运行的规律很大程度上是靠着对推理能力的运用，也就是说，当我们环顾周遭的自然世界时，我们也在思考，

> 真理在错误中总是比在困惑中来得更快。
>
> ——弗朗西斯·培根

这一切事物相互之间是否存在着某种逻辑上的关联。你也许会注意到，有些事物是遵循着一定的模式运行的，比如你钓鱼的时候发现，所有你钓上来的东西都有鳞片，那么你就可以相应地推断出所有的鱼都有鳞片。亚里士多德会说，你刚才的这一系列行为就是在从发生于我们周遭世界的特殊情况之中建立起普遍的法则，他甚至会自豪地告诉你，这在他之前几乎没有人想到过。

尽管如此，亚里士多德还是会承认，上述方法作为得出自然规律的手段还有提高的空间。由于一个人对世界的体验和感知毕竟是有限的，所以他有时不得不借助从他人那里道听途说来的案例，这就有可能会导致他所得出的普遍法则出现一两处疏漏，但他依旧可能会坚持其从众多特殊情况中得到的结论是具有普遍性的真理。亚里士多德的方法启发了众多伊斯兰世界的哲学家，其中就包括**伊本·海什木**（Ibn al-Haytham，965—1039），又名阿尔哈曾。他十分敬仰亚里士多德，并且十分熟悉亚里士多德的方法论，但海什木会告诉你，比起一些具有偶然性的观察和从他人那里道

我们不可能证明飞天意面之神的存在，所以，它的存在关乎信仰，而非科学理论

听途说的见闻，你需要更好的证据来佐证某物是否具有普遍的规律。你所要做的，就是通过大量的实验，来检验你所设想的结果是否总是真的出现。你如果能在大量的试验中得到相同的结果，那么就能证明你所设想的是一条普遍法则。

弗朗西斯·培根（Francis Bacon，1561—1626）继承了上述方法并将其推进了下去。他会自豪地告诉你，正是自己发明了如今为人们所称道的科学方法，也就是探寻并发现真理的“正确方法”，而这种方法在他之前无人问津。培根解释说，他的“培式方法”就是通过大量的实验来看看会发生什么（基本上都是试验和出错），然而，培根的点睛之笔在于，他会构想一个理论，然后用其解释刚才发生的实验，接着再用大量的实验来检验自己的理论是否能够成立。如果实验确实能够支持你的构想，那么欢呼吧，你得到了一个科学的理论。好吧，其实培根的方法和海什木所说的没有什么太大的差别，只不过培根将整个实验过程都形式化、正规化了。

所以，培根会让你先悬搁对顺势疗法的迷信，除非你能够在实验室里证明微量的药剂确实能够起到有效的治疗作用。总之就是，不停地做临床试验，然后检验实验结果。但首要的是，**笛卡尔**补充道，整个过程中你都要保持怀疑态度且有条不紊地进行。直到你能为自己的假设找到一个根本无法对其进行怀疑的依据为止，你什么都不能相信；在证明的过程中，你必须每一步都极其小心谨慎；你还得尽可能把每个实验任务都拆分为数个最细小的步骤，从而保证每次实验流程都是一样的。

这就是了。这就是科学方法：提出问题，给出猜想，预测结果，最后通过试验检验并分析实验数据。正如亚里士多德所言，你确实能够从大量的特殊情况中得出一个普遍的法则，至于具体的细节微调即可。

但在休谟那里这可不是一点儿微调就能解决的问题。休谟认为，这种所谓科学方法存在着致命的误区，即建立在一种名为归纳法（induction）的逻辑推理方法之上，而在休谟看来，归纳法并不能够证明任何东西。因为这所谓“普遍法则”只不过是你从有限次数的观察中得到的。亚里士多德也看到了这一点，因为他承认自己不能仅凭一己之力获得足够多的经验来得出确定的结论。然而事实是，我们永远也不能获得足够多的经验。就拿烧水来说，不论我们多少次看见海拔处于海平面的纯水于100摄氏度沸腾，我们也不能断言，海拔处于海平面的纯水总是于100摄氏度沸腾。休谟自豪地解释说，这是因为我们不可能观察到所有处于海平面的纯水的沸腾情况。虽然我们每天早晨都能看到太阳升起，但是这并不意味着明天太阳也会升起。

休谟的这一击毫无疑问对科学造成了重创，但是**卡尔·波普尔**（Karl Popper，1902—1994）认为有另一种看待归纳法的方式。这意味着你要稍微调整对科学的定义，将“可证伪性”（falsifiability）囊括其中。波普尔的观点是，一个理论如果可以被证伪，那么也可以被视作科学的——这并不意味着这个理论是错误的，而是意味着，这个理论已经被证实了有错误的可能性。你可能通过一系列的科学方法得出了所有的狗都是有尾巴的这一结论，现在你可以将这条结论作为一则科学理论，因为它具有可证伪性，比如你找到了一只没尾巴的狗或是一只有两条尾巴的狗。但是另一方面，你所信仰的不可见的飞天意面之神并不属于科学理论，因为我们无法将其证伪，它不具备可证伪性。

> 好的实验能够排除有漏洞的理论；如此，我们便能再次开始下一轮的猜想。
>
> ——卡尔·波普尔

同样的道理，顺势疗法所声称的，极微量的药物能够起到医疗作用一说也值得我们用科学的方法一探究竟，因为它有被证伪的可能性，而实际上它也确实被科学实验证伪了。所以，相信顺势疗法的有效性并不是明智之举，因为它是可以被证伪的。但是，相信隐形的飞天意面之神则无伤大雅，因为这并非科学所能讨论的对象，当然，若是有人能给出飞天意面之神真正存在的科学依据，那就是另一回事了。

抉择时刻

休谟认为，在我们检验过一切根据之前，保持一种健康的怀疑态度来审视一切治疗手段是最上策。由海什木所开创、经培根和笛卡尔优化的科学方法则提供了批判性地检验诸如顺势疗法这类“偏方”的手段。你可能会像休谟那样，认为科学本身并非绝对正确的，但同时又认同波普尔所说的，一些观念的确能被证明是非科学的。

我的手机被偷了，我担心自己的信息被盗用

笛卡尔 ‖ 洛克 ‖ 赫拉克利特 ‖ 霍布斯

我的手机就这样被偷了，这感觉就好像是我自己的一部分丢失了。我的手机里有太多关于我自己的东西了——我全部的个人资料都在里面：其中不仅有银行信息、医疗记录以及密码，还有我相册里的照片、邮件以及和朋友们的聊天记录，这些都是我满满的回忆呀。而且最近信息失窃似乎很猖獗，一想到有人可能会利用我手机里的信息盗用我的身份，我就胆战心惊，现在，我甚至怀疑自己能不能证明我就是我。

首先，让我们先冷静下来。弄丢了承载着你个人信息的手机并不会对你是谁造成任何影响，因为这些都是你的身外之物——它们只不过是对于构成你之为你的事物的记录。

基本哲学问题

是什么使我成为我？在我的生命长河中，我能否保持同一，哪怕我的身体、思想、观念和性格都发生了改变？是什么让我在不同的生命阶段依旧是我呢？

没有人能够盗取你的身份，他们所能够盗取的，只是与你的身份相关的东西。他们虽然可能会假装成你，但并不能完全成为你这个人。我如果拿到了别人的身份证，那么也只能假扮成这些人，但不能真正地成为这些人。手机上留存的信息也无外乎是在表明：拥有这部手机的人是声称自己拥有这部手机的人，但这些信息不能保证他们就是其所声称的那个人。

至少，这能促使你好好想想你所指的“身份”究竟是什么，是什么让

万物皆流无物常驻……人不能两次踏进同一条河流。
——赫拉克利特，引自柏拉图的《克拉底鲁篇》

你成为你，而非其他人呢？这并不是一张身份证或是手机、电脑上的一堆个人信息所能回答的问题。18世纪以前，大部分的哲学家和带有宗教背景的思想家，都试图以一种带有不难理解的神秘性的方法来回应我何以为我的问题，他们将其归因为存在于个体内的心灵、灵魂、精神或思想，这些称呼因人而异。与你那一生中总是不断变化的身体不同，这种神秘的存在乃是真实的你的具现，它是给予你身份的灵魂（或者其他什么东西）。尽管我们之后会发现这种说法并非人人赞同，但是它确实持续了很久，直到**勒内·笛卡尔**提出“我们由一具身体以及一个与之相分离的、非物质的心灵构成”之后，才开始出现与之前不同的身份观。

比如，**约翰·洛克**（John Locke，1632—1704）就会劝你别把笛卡尔那一套身心二元的理论太当真。确实，我们有一具肉身，我们的肉身之中也的确有一个“正在思考着的东西”，但这个东

西并不是笛卡尔所说的心灵，而是我们的大脑。心灵是大脑思考的产物，而不是进行思考的东西。看到你似乎能够跟上他的节奏，洛克便继续来到他的下一个论点：我们心灵中的大部分活动，其实是在处理我们从感官那里获得的信息。心灵，在洛克看来，无非是这样一种东西，它将我们对周遭世界的感受接收下来并且为这些感受赋予意义。所以，当我们注视着一件东西的时候，我们正在从自身外部获取信息，这些信息从我们的眼睛传送到大脑，然后我们的心灵就将其理解为“看”。正是这一切外部体验的总和使我们能够对外部世界有所意识。

然而，关键在于，我们的心灵也在分析这些信息，即我们的感受体验，并且心灵也将我们与这些信息关联起来。我们对于外部世界的意识以及我们自身在世界之中的地位塑造了我们的心灵，也给予了我们对自身身份的认识。与笛卡尔以及那些兜售灵魂学说的人相反，我们的心灵一直处于变化之中，正如我们的身体以及我们对外部世界的感知也在不断变化。但这并不是说我们的身份一直在改变，因为在我们对世界的意识之中有一种连续性，心灵之中也是如此。

万物都处于变动之中

在洛克这段话的最后，**赫拉克利特**（Heraclitus，公元前535—前475）跳了出来，他原以为自己是唯一一个认为一切都在变化的哲学家。他或许还会向你吐露自己曾经是多么孑然一身，因为他几乎被同时代的所有哲学家排挤，并被嘲讽为“怪胎”和“哭泣的哲学家”。但是现在洛克为其两千余年前的学说证明了清白。赫拉克利特认为，一切皆在变动之中。我们的身体会成长也会衰老，

我们的性格甚至意识也会发生变化。但是我们的身份仍然是那一个。这就好像流淌着的河水，尽管你两次踏入时的河水完全不一样，但河还是那条河。所以，虽然我们的每个部分都在无时无刻地变化着，但我们本质上还是我们自己。

为了做一个进一步的比喻，赫拉克利特给你讲述了忒修斯之船的故事。这艘船常年航行于地中海，在航行途中，船上的木板会断裂或腐朽，因此需要新的木板来更换。当忒修斯之船返回故里时，船上原本的所有木板都已经被替换过了，但忒修斯和他的船员们依旧认为这艘船还是当年他们起航时的那艘船。他们这么想有错吗？

如今，我们知道我们的身体也在岁月的变迁中不停地更换着体内的细胞，所以，尽管我们的身体发生了变化，但我们依旧认为自己还是自己。如今移植手术也愈加发达，我们甚至能够成为忒修斯之船的翻版，尽管洛克会怀疑，同样的道理能否适用于大脑的移植……

当我们说存在先于本质的时候，我们指的是什么呢？我们意指人首先是存在的，他面对自己，并向世界敞开——在此之后才能定义他自己。

——让-保罗·萨特

数世纪后，**托马斯·霍布斯**改良了赫拉克利特的故事，给我们带来了一个更大的难题。霍布斯让你想象：所有从忒修斯之船上被换下的木板都被储存了起来，接着由一些富有经验的工匠打造成另一艘船——忒修斯之船的复制品。那么，在你看来，究竟哪一艘才是真正的忒修斯之船呢？这又会对你的自我身份认同产生什么影响？你那些被盗取的信息事实上会不会构成另一个你呢？

霍布斯紧接着又会告诉你一个他最近想到的令人不安的故事——一个被设计为发生于不远的未来的奇幻故事。故事中有一个传送机，它能够将人即刻传送到遥远的距离之外。但事实并非如此：这个传送机其实是扫描了传送的对象，然后将其信息输送到另一台传送机那里，再精密地复制出那个传送对象，甚至包括她脑中的一切信息——记忆、思想、感受和意识。与此同时，第一台传送机消除了原本的传送对象（该对象感受不到任何痛苦），但是由于“被传送过去的”人与本尊完全没有差别，所以甚至就连这个复制品也会认为她就是原来的自己。

如果这还不够吓人的话，霍布斯又在这个故事的基础上进行了发挥。设想一下，霍布斯说，突然一切都出了故障：第一台传送机发生了错误，导致本尊并没有被消除，那么这两个人究竟孰真孰假？答案似乎十分明确，因为第二个人明显就是第一个人的、刚刚被制造出来的复制品。但是，这个复制品拥有意识，因此我们也可以说她是本尊的一

另一个我

种延续。若是劝说这个复制品，她并非自己所以为的那样是她自己的话，她又有证明自己是自己的全部证据。到头来，或许你对身份盗窃的担忧并非全无道理。

抉择时刻

尽管不必担心某个人真的会从你那里拿走你的身份，但是弄清楚究竟是什么让你成为你也并非易事。你或许本能地觉得，就像笛卡尔所说的那样，自己的身份与自己的灵魂、心灵或思想联系在一起。你也可能认为赫拉克利特的观点更具说服力：我们一直在变化，而身份却始终如一。霍布斯则会使你思考，是否可能有其他人与你共享一个同样的身份，但洛克会安慰你说，你的复制品并不能享有你意识的连续性，而这种连续性恰恰是身份的本质因素。

药物的幻觉体验为什么是一种欺骗?

柏拉图 ‖ 洛克 ‖ 叔本华 ‖ 笛卡尔 ‖ 康德 ‖ 马克思

我常听人说起服用致幻药物能给人带来富有启发性的体验。他们声称一些药物能放飞你的意识，并使你能够从不同的角度观察事物，从而洞见世界的真实面貌。我不太相信这种说法。我总觉得这些致幻药物只是在欺骗你，令你的大脑感受一些并不真实的东西，也就是幻觉。也许他们只是把药物当作一种逃避现实的手段，但我并不认为药物能帮你看清现实。可如果别人说，子非鱼，安知鱼之乐，我该如何反驳呢?

在我们做出回答之前，我们首先要弄清楚的一点是：你无意服用任何国家违禁药物。你的问题在于，这类精神药物可能会改变你关于世界的意识，乃至于超出了你平日的体验；这些药物带来的独特体验甚至可能向你揭示出平常的方法所不能达到的世界真理。这才是你想问的，对吗?

基本哲学问题

我们是否能够理解我们感官之外的东西? 我们能否信任我们的感官? 我们的感官是否会被欺骗? 精神类的药物究竟会加强还是会扭曲我们的感受?

好吧，确实有一小部分哲学家曾公开表示自己有过你所描述的那种体验，但这并不意味着他们接触过类似的药物。曾经就有人对**柏拉图**的一些相对神秘的观念的来源表示好奇。如此看来，我们的讨论似乎可以从柏拉图开始。首先，柏拉图会对那些渴望超越自己的感官，并以此探求世界真理的人表示同情，因为他认为追寻真理是一个

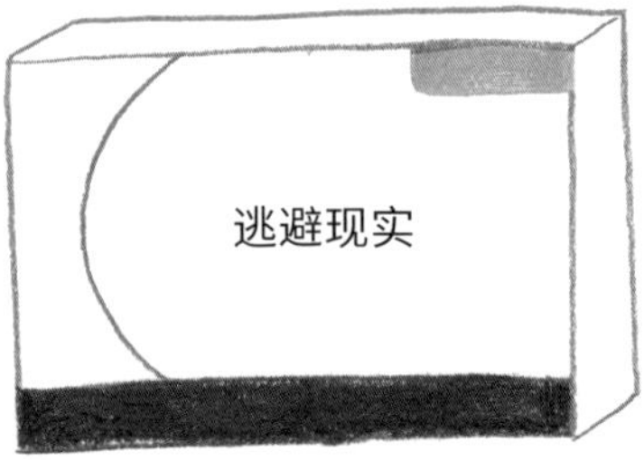

伴随着沮丧和失落的过程。柏拉图解释说，这是因为真理高于感官所能带给我们的体验。不仅如此，柏拉图还认为存在着理念的世界，这些理念内在于我们，从出生起就烙印在我们的心灵之中。我们若是想理解真正的世界，而非通过感官所体验到的幻觉，就必须通过某种方式触及这些理念。柏拉图认为这种方法就是指运用我们的理性和理智。这时，你提醒他说，让药物引领我们发现这些隐藏的理念也并非毫无可能。

接下来柏拉图或许会引用他那有名的洞穴寓了（参见本书第41页）。在洞穴寓中，柏拉图向我们展现了我们如何生活在一个由幻象堆积成的世界之中，如果我们能够挣脱感官体验的枷锁，那么真实就会以启示的方式向我们显现，那一刻我们仿佛到达了巅峰。然而，他并不清楚的是，在这个类比中，药物诱导的状态是幻觉还是启示。那些精神药物带给我们的感觉是否只是另一种虚幻的经验，还是说，它们是从虚幻进入现实的大门？对此，我们无从得知。因为，就像重回洞穴的人的体验不能为他那些从未离开过洞穴的伙伴所理解一样，那些没有经历过的人很少能理解吸毒者的经历。

人所能获得的知识不可能超越经验的范畴。

——约翰·洛克

> 酒精可以加强或大大提升我们的思维能力，但若是超过了合适的剂量就只会适得其反。
>
> ——阿图尔·叔本华

不过，柏拉图可能会说毒品是骗人的，理念世界只有借助于理性的思考才能到达。他会说，这也许是个愚蠢的例子，但你有没有试过和醉汉据理力争？在葡萄酒里？

我不这么认为。你所说的药物被称作“致幻剂”是有其根据的，因为它们会让你产生幻觉，而这些幻觉并不可靠。它们不过是个梦而已。

幻觉并非启示

虽然**约翰·洛克**不同意柏拉图刚才所说的一切，但他可能会认同，这些药物导致的幻觉不过是梦境。你看，洛克认为，柏拉图说我们从出生起就拥有一些神秘的知识，这完全是错误的。当我们来到这个世界时，我们是一张白纸、一块白板，我们所能知道的关于宇宙的一切就是我们对它的体验。所以，不管你服用什么样的药物，它都不会神奇地向你揭示一些本来就不存在的东西。它所能做的就是欺骗你的感官，或者至少让你的大脑认为你正在经历一些不存在的事情——而这正是为什么你会有梦境般的体验。它只能利用已经存在的信息，而这些信息也许在正常情况下拼凑不到一起。这些药物会使你用不同于常理的方式进行思考，这

也许会有启发性，但事实是，我们的感官正在被欺骗和扭曲。除非，洛克在这里大胆假设，那些药物提高了你的感官能力，或者可能让你获得一种你不知道自己曾有过的感觉……可那是非常荒谬的。

不完全是如此，**叔本华**会插嘴。像洛克一样，他怀疑药物并不能给我们任何超出我们智力范围的启示，但他说，根据他的经验，一些药物确实能在一定程度上提高我们的思维能力。在适度的情况下，咖啡因、尼古丁、可卡因甚至酒精和鸦片类药物都能让我们的思绪更加敏捷，使我们能够更清楚地进行推理。可过量服用只会适得其反。小酌几杯能帮人放松、缓解压力，但若是毫无节制，你就会看到一些奇怪的东西；抽一根烟可以提神醒脑，但几包下去后，你就会飘飘欲仙、想入非非。

但这正是吸毒者希望体验的那种幻觉，**笛卡尔**会说。他们希望毒品能像一个狡诈的恶魔一样，扭曲他们的感官，让他们相信自己处于另一个现实中。在笛卡尔看来，这些人想要逃避现实，而不是正确地理解现实。精神药物本质上与VR（虚拟现实）机器没有区别。正如其名，这只是虚拟现实，而不是真正的现实。虽然逃离现实听上去很刺激，但你真的会选择幻觉而非现实吗？

康德急于结束这场辩论，他以典型的方式毫不掩饰地说出自己的想法：毒品并不能满足你洞察万物的愿望。简单来说，你不过是在痴人说梦，你想领悟宇宙的运行规律和事物的本来面目，而不愿用你不充分和有缺陷的感官去感知它们。坏消息是，你根

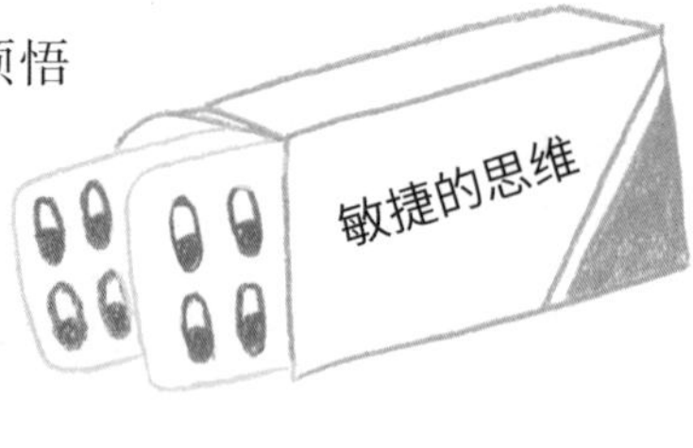

> 在两种情境下，人能够因感知到存在而狂喜：梦与醉。
> ——弗里德里希·尼采

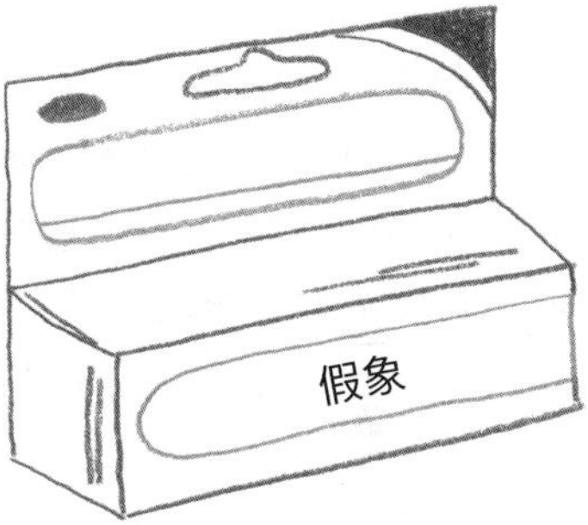

本做不到。你只能理解现象世界，即你能借助于感官而获得信息的世界。可还存在着另一个世界，也就是“物自身”的世界，对于“物自身”，我们无法获得任何相关的知识。就这么简单。没有“如果”或“但是”。就连毒品也不能改变这一点，它们只会让你认为你可以，但你不能。

此时，你可能会听到无神论者**马克思**在一旁喊叫。他会让你想起他那句著名的“宗教是人民的鸦片”，这个比喻是双向的：人民拿鸦片来逃避他们生活中悲惨的遭遇，就像他们转向宗教一样。可是，毒品带来的启示难道不像宗教一样不可靠吗？宗教难道不就是能给我们带来些许安慰的幻觉吗？

抉择时刻

首先，你必须想清楚，在我们之外是否有一种超越于感官的真理。然后你可以问，你是否能像柏拉图所相信的那样，用你的智慧，或者通过精神药物来达到这个目的。你可能会同意洛克的观点，即我们的感官已经不可靠，而毒品只会使它们变得更不可靠；或者同意叔本华的观点，即它们可能有助于提高你的思维能力和感官能力。也许你认为，正如笛卡尔和康德所说的那样，毒品只会让人产生错觉。但如果你想逃离悲惨的现实，马克思可能会说，为什么不呢？

既然上帝想让我们成为素食主义者，那他为什么要让动物的身上长满肉呢？

亚里士多德 ‖ 笛卡尔 ‖ 边沁 ‖ 辛格 ‖ 欧布里德

如今似乎所有人都在吃素食，甚至还有人奉行严格的素食主义（既不吃也不用任何动物产品）。你对这些人的素食动机所表露出的怀疑也并非无法理解——这些人究竟是单纯的一时跟风，还是说他们有着不再吃肉的充分理由呢？毕竟，我们人类是杂食动物。就像许多其他物种一样，吃肉难道不是我们进化的结果吗？也就是说，我们吃肉是自然法则的一部分。然而，不得不承认的是，人类确实没有善待动物，你自己也倾向于抵制那些出自残忍的工厂化牧场的产品。如此看来，也许那些素食主义者言之有理：动物们的确有一些属于它们的权利。可是，你又准备在动物权利这条道路上走多远呢？

首先要指出的是，我们的争论并不在于动物本身，而在于人，以及人如何理解自己在世界之中所处的地位。直到最近人们才意识到自己并非宇宙的中心，我们是自然世界的一部分而非其主宰。而我们大多数的信念体系（宗教、哲学与科学）都在很长一段时间里默认了人类是特别的存在。所以，在启蒙运动以前，你很难能在哲学家中找出多少素食者或是动物权利主义者，在20世纪以前，这样的人寥寥无几。

就拿**亚里士多德**来说吧，他将一生中的大部分时间用于在各

问题不在于：它们是否有理性？以及，它们能否说话？而在于：它们是否会感到痛苦？

——杰里米·边沁

国与地中海东部诸岛之间旅行，在此期间，他研究野生动植物并将其整理到一份目录下。亚里士多德解释说，他已经仔细地考察过了这些不同的动植物，并按其属性与特征进行了归类，他由此得出，自然界中存在着一种等级序列。最低级的先是具有生命但不能感受的植物，然后是动物。动物中较低级的首先是昆虫，然后是鸟类和鱼类等，在它们之上的则是更高级的野兽，而处于自然序列之顶端的，毫无疑问是我们人类。

到了中世纪的经院哲学家那里，亚里士多德的序列得以继承，并被作为“伟大的存在之链”（scala naturae）的蓝本。唯一的改动是，上帝站在了序列的顶端，且上帝与人之间还存在着诸天使。中世纪的哲学家们会告诉你，这是一个关乎道德优越感的问题，同时这个存在之链也是食物链：植物是给动物吃的，一些动物是给另一些动物吃的，以此类推。上帝之所以让动物身上长出肉来，就是为了给我们提供食物。

即便到了科学开始挑战宗教教条的时代，这种观念也依旧作为上帝所规定的万物秩序而被接纳，日心说就是它的一种变体。所以，你会发现那些理性的哲学家，包括**笛卡尔**，也会论证人类毫无疑问比其他形式的生命更高级。机智地证明了我们既拥有一个肉体又拥有一个心灵的笛卡尔是一个虔诚的天主教三好青年，因此他也用自己的理论解释说，正是心灵将人类与动物区分开来。笛卡尔认为，是否拥有心灵取决于是否能够理性地思考，而

基本哲学问题

动物应享有与人类一样的权利吗？物种之间是否存在等级序列？我们又该如何进行划分呢？

> 一切证明人类优越性的言论并不能撼动这样一个不争的事实：在承受痛苦上，动物与我们是平等的。
>
> ——彼得·辛格

动物们并没有理性思考的能力，所以它们没有心灵，倒不如说它们是被编程为按特定模式行动的自动化机器。动物们无法理性思考，所以它们没有思想，也就是说，就算我们吃掉它们，它们也不会介意。

如果你向**杰里米·边沁**求证，那么他会告诉你，笛卡尔提出了一个错误的问题。关键并不在于动物们是否能够理性思考，而在于它们是否能感受到痛苦。事实上，动物们正遭受着我们的折磨，而且它们无力反抗。边沁还补充道，如果将我们对待动物的方式施加于人类身上，那将是毫无疑问的暴政。值得一提的是，边沁是最早提出动物与我们无异并且严肃要求保障动物权利的哲学家之一。

划定边界

在边沁去世后不久，也就是查尔斯·达尔文发表《物种起源》的1859年，边沁的上述主张在某种程度上得到了证实。当然了，当时并非所有人都能接受这一观点，但至少现在，除了少部分的极端主义者还一口咬定人类是唯一的有机生命体之外，边沁的主张已然成了一个普遍被接受的观念。**彼得·辛格**（Peter Singer，1946—　）也认为，人类应该认清自己在世界中的位置。正如男权主义者认为男人要比女人高贵，种族主义者认为白人比有色人种高贵一样，认为我们自己处于进化之树的顶端也是一种“物种主义”（speciesism）的体现。辛格说，人类并不比其他的物种更优越，恰恰相反，它们应当享有与我们同等的权利——生存权、自由权以及免遭痛苦的权利。动物们有口不能言并不能成为我们对其压榨乃至施暴的借口。我们应该禁止动物实验和工厂化牧场。事实上，辛格认为，人类唯一道德的身份就是素食主义者。

且慢。照这么说，那我们应当让所有动物都享有与我们同等的权利吗？如果不是这样，那么，能够被分得权利的又该是哪些动物呢？与米利都的**欧布里德**（Eubulides，公元前4世纪）的深入探讨或许能给你一些帮助。他以向人们展示划定边界之困难而著称。这就像堆小沙丘一样：当你只放一粒沙子时，这不是沙丘；你再放一粒沙子，也仍不是沙丘。那么，在你不断增加沙粒的过程中，沙丘究竟是在何时形成的呢？

你一时可能看不出这与我们所讨论的问题有何关系，不过先别急，欧布里德会向你解释这其中的内在关联。你相信动物们也会感受到痛苦，所以它们也应该像人一样拥有权利。那么，为了体育竞赛而杀死动物也是不正确的吗？没错，当今时代的大部分人都会对此表示认同。那么，为了食物而杀死动物又如何呢？越来越多的人认为这样也是不对的。但是，至少你还会吃鱼吧？好吧，没

毕达哥拉斯，这位欧洲最古老的哲学家之一，为了从东方的祭司与法官那里学习知识而巡游东方诸国，在领略到了当地人的举止后，他教导他的学生们：人应当友善地对待一切，哪怕是愚蠢的野兽。

——艾萨克·牛顿

错。那么，如果我们为了抑制疾病和虫害而杀死动物呢？额……这样说吧，打死海豹宝宝是不对的吧？当然了。那么毒死老鼠和白蚁呢？你有打算把你菜园里的那些蜗牛怎么办吗？这样看来，一些动物确实比另一些要“高级”，不是吗？哪一个临界点会成为你杀死它们的契机？你做出抉择时究竟是受情感还是受理智的驱动？你是否真的能够为你出于食物需求的杀生找到合理的根据？

不容忽视的一点是，如果真的存在生物的等级序列，那么我们人类也处于其中，而不是其外。如果上帝让动物们身上长出了肉，那么人类也不例外。想必许多上帝的造物（诸如鳄鱼、鲨鱼和老虎这样的食肉动物）都会认同这一点。

抉择时刻

你会像亚里士多德与笛卡尔那样，认为人类是万物之长吗？你是否认同笛卡尔所说的，人以外的动物因不能理性思考，所以没有心灵或灵魂？或许边沁是对的：问题无关于动物们是否能像我们一样思考，而在于它们是否能感受到痛苦。如果你像辛格那样，相信人类只是动物界中的一个分支，那么你或许应该考虑停止对其他动物的剥削，甚至赋予它们一些权利。

勒内·笛卡尔

微型车还是轿车？

卢梭 ‖ 苏格拉底 ‖ 叔本华 ‖ 尼采 ‖ 波伏瓦 ‖ 萨特 ‖ 孔子 ‖ 休谟

是时候考虑换一辆新车了。尽管你的小破车在过去数年里十分可靠，但它还是老旧了起来。你的伴侣觉得应该买一辆更实用的，比如家用小轿车，很显然，他/她是为了以后的家庭着想。那么，这就意味着你（们）得守住一份稳定的工作来赚足买车的费用，毕竟，这种车并不便宜。但是，相比起家庭用车，你更渴望拥有一辆微型车，而且，如果你不需要为家计操劳的话，微型车的费用还是可以负担得起的。微型车还是轿车？这是一个问题。

这就像我们人生中许多不得不在理智与诱惑之间做出的抉择一样，因为，说到底，这并不是一个单纯的买车问题，不是吗？你现在正处于人生的交叉口，因此不得不决定自己接下来的道路方向。你会选择走传统的职业、家庭和出游路线（买轿车）？还是渴望着新的挑战、激动人心的相遇和广阔的天地呢（买微型车）？

如果你指望着哲学家们给你一些建议，那么我要先给你提个醒：大多数的哲学家在家庭生活领域往往乏善可陈。这可能是因

> 工作、烦恼、艰辛与困苦毫无疑问占据了人一生中的大部分情况。可如果每一个欲望刚刚涌现就能得到满足的话，人们应该如何充实自己的生活，又该如何消磨时光呢？
>
> ——阿图尔·叔本华

> 就连同居也被婚姻败坏了。
> ——弗里德里希·尼采

为他们大多将自己的一生奉献给了崇高但难以维持生计的哲学事业，而不是像你一样要在微型车与轿车之间做出选择。更叫人吃惊的是，还有不少哲学家（包括柏拉图、霍布斯、洛克、休谟、斯密、康德和边沁）不仅终身未婚，而且过着禁欲的生活。而他们中的另一些人的私生活则十分复杂。不管你向谁求教，他们都很可能会建议你“从其言而非从其行”——比如**卢梭**。在一段长时间的交往之后，他很不情愿地迎娶了自己的情人并且抛弃了自己全部的五个孩子。就这样，他还恬不知耻地书写了一部关乎教育孩子的著作。

出乎意料的是，**苏格拉底**在家庭问题上竟然采取了十分保守的态度。他年轻时曾以优越的表现活跃于军中，在回到雅典城之后，他迎娶了一个比自己年轻得多的女人，生了三个儿子。苏格拉底会告诉你，你如果被像他的老婆赞西佩（Xanthippe）那样的女人攥在手掌心里，那还是（根本无须犹豫）买家用轿车吧。这全然没有了他通常在追问哲学问题时的那股劲头。如果你在市场上碰见他，苏格拉底肯定会用一大堆问题对你进行狂轰滥炸，从而让你看清自己所处的实际困境。然而，他私下里还是会悄悄告诉你，买轿车全是赞西佩的主

基本哲学问题

我们个人欲望的满足与家庭相比是不是无足轻重的呢？

意，并不代表他自己的意见。他还坦白，如果有可能的话，他想摆脱家庭的束缚，成天与你们这些年轻人在市中心谈论人生哲理。话虽这么说，但苏格拉底还是没有放过每一个到市里与人交谈的机会。苏格拉底会这样解释自己的行为：他这么做不为了别的，只为躲避与赞西佩的口舌之争。

败坏之路

叔本华在这个问题上会更实在一些。在他看来，买哪辆车并不重要，因为不管你选择了哪一个，最后都会对它感到失望。叔本华说，这就是人的境况的悲剧性之所在：起初你总是期待着一样东西，最后要么你根本得不到，要么终于对其感到厌倦转而去渴望其他的东西。反正叔本华本人的遭遇就是这样：他的人生经历就是一连串无意义且不幸的爱情的集合，他的一个私生女还在

君子素其位而行，不愿乎其外。

——孔子，《中庸》

襁褓中就夭折了，之后他又不能自拔地陷入了一场毫无希望的爱情。所以，叔本华认为，你最好还是去过隐士般的生活。

一开始你花时间去寻找生命中的乐趣，而当你确实找到的时候，你就会发现它并不如你当初所期待的那样美好。所以，你又试图为自己觅得一个终身伴侣，从而组建家庭，过上安稳的生活。如此看来，你们结婚的那天应当是你一生中最幸福的时刻，但是婚姻只意味着又一段求而不得之苦的开始。结婚后是孩子，然而在最初的期待和孩子们成长过程中闪现的喜悦都过去了之后，你又得找寻下一个能让你有所期盼的东西。也许你会搞婚外情，但结果肯定会是事与愿违。分居、离异、孤独、衰老和日渐虚弱的身体接踵而至，最终由你的死亡来画上句点。如果用交通工具来比喻你一生的诸阶段，叔本华会建议你这样排列：婴儿车、滑板车、三轮车、自行车、摩托车、微型车、家庭轿车、小客车、跑车、轮椅，最后是灵车。只有最后一个不会让你感到失望。

开放之路

那么**尼采**对此又怎么看呢？他会给你什么样的建议？尼采会

毫不犹豫地让你选择微型车，因为你必须打破陈规和世俗的价值观，勇于有别于常人。你如果现在不拼一把，那么以后或许就再也没有这样的机会了——你会为此后悔终生。尼采就为自己选择了这样的人生：他横眉冷对千夫指，将自己绽放到了极致，同时也无须顾虑组建家庭所带来的负担。尼采认为自己过着丰富多彩的生活，但随之而来的最终代价是精神崩溃和梅毒。你可能会问，尼采是否对自己的一生抱有遗憾。尼采或许（只是或许）会承认自己所选择的生活方式并不是最理想的那个。他也未曾不向往与爱慕已久的女性结为连理，过上“开着家庭轿车”的生活，但是她一次次地回绝了尼采的求婚。如果她接受了尼采的求婚，那么结局将会大有不同，但这就是生活：尼采还是选择了“微型车”，并且也鼓励别人走上类似的道路。

倘若我们在讨论的过程中加进一些女性的观点，也许会很有意思，那么**波伏瓦**必定是我们的不二人选。更何况她还是另一位哲学家：**萨特**的长期伴侣。波伏瓦认为她与萨特之间是一种“开放的”关系——她既不想结婚也不想要孩子。因此，这种开放给了她足够的空间去过上无拘无束的“微型车式”生活，但她与萨特的长久关系又让人觉得：波伏瓦为了以防万一，还是在自家车库里停了一辆轿车。这种关系的唯一问题在于：萨特也可以时不时地开着波伏瓦的微型车和自己刚勾搭到的姑娘约会。

孔子则认为我们应该要避免上述情形的发生。在孔老夫子看来，家庭是社会的基石，与家人的关系预设了我们与他人相处的规范。所以，你不应该像个纨绔子弟似的开着跑车过着不负责任的生活，相反，你应当驾驶着一辆安全而可靠的轿车，自豪地载着你的家人，从而为其他人树立榜样。

最后的最后，问题在于你究竟应该服从于感性还是理性。这时，单身汉**休谟**的话或许深得人心："理性是，也应当是感性的奴隶。"那就选微型车吧！

抉择时刻

问题的关键并不在于你究竟想要哪种车，对吗？问题的根本在于你接下来想要过一种什么样的生活——是承担起家庭的责任，还是放手追逐梦想呢？你可以追随孔子和苏格拉底的脚步，选择过上安稳的家庭生活。你也可以效仿柏拉图、霍布斯、洛克、休谟、边沁和康德，将自己的一生奉献给哲学。如果你更愿意听从自己内心所向，那么你将与卢梭、叔本华、波伏瓦和萨特为伍，当然，还有被逼上梁山的尼采。

拜托，我的童年过得很糟糕好吗？变成如今这样子又不是我的错

亚里士多德 ‖ 波爱修斯 ‖ 尼采 ‖ 苏格拉底 ‖ 边沁

有一些人生来就是不幸的，不是吗？他们或是出身贫寒，或是在治安混乱的街区长大——这里的孩子们从小就学会了打架和偷窃，又或是接受了低水平的教育以至于无法谋得一份体面的工作。但比这一切更糟糕的是他们的家庭生活：那里充斥着虐待、暴力和家庭关系的破裂。这也难怪你现在这么好斗，而且到处惹是生非。然而，这一切都是命中注定的安排吗？虽然你的家境不尽如人意，但这难道就意味着你不能选择过另一种生活吗？

为了解释你自己的恶行，你似乎要尽了一切花招。首先你想要博得同情，不过考虑到你的艰难境况，这也无可厚非。但紧接着你又开始将一切归咎于恶劣的生活环境，这就有些难以判断了，因为在探寻原因和制造借口之间存在着一定的差别：就算你指出了造成自己恶行的原因，但这不能成为你逃避责任的借口，不是吗？

亚里士多德认为，世界上发生的一切都有其理由；是某种“原因”导致了事情的发生。他还会解释说，他所指的这个“原因”，并不是一件事导致另一件事的发生——就像推倒一枚多米诺骨牌从而带动下一枚乃至其余所有骨牌的倾倒那样。亚里士多德会说，这只是“原因”的一个方面。而他所意指的原因更倾向于作为对“为什么”的回答：是什么造成了那件事的

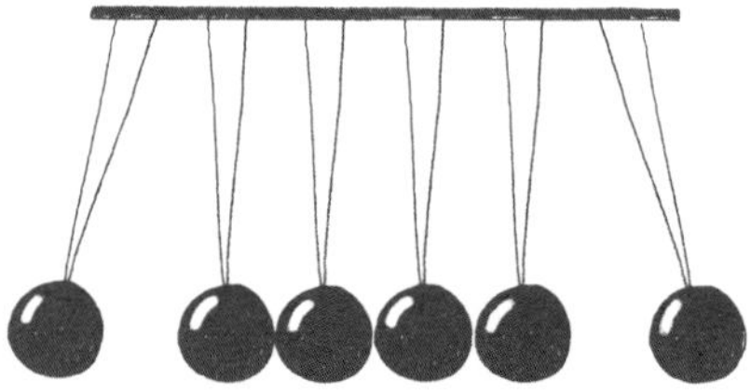

每一个行为都有其连锁反应

发生？亚里士多德认为，针对这样的问题有四种不同的回答。

基本哲学问题

我们总是要为自己的行为负责吗？恶行是否应当被惩戒？

原因与结果

第一种原因，亚里士多德将其称为“质料因”，也就是事物的构成成分。拿你的例子来说，你的质料因就是一个复杂的有机物质的集合，也就是我们所说的人类：你就是你所是的那个东西——人类。下一个是“形式因”，也就是质料组合的结构。这比构成你的物质（质料）要更深一层。对你而言，就是你曾经接受过的教育和培养。接下来是“动力因”，这个词更贴近原因一词的日常含义。“动力因”指的是那些导致事情以特定方式发生的外在因素，就好比那个最先被推倒的多米诺骨牌。在你这里，“动力因”可以是那个把你的饮料撞翻的家伙，因为他的行为导致了你在他脸上狠狠揍了一拳。最后一种原因被亚里士多德恰如其分地称为“目的因”，它更像是事物存在的理由。打个比方，一把椅子的“目的因”就是成为一个你能坐上去的东西。但你的“目的因”则是驱动你一系列行为的东西——你的动机或欲求。

要记住，亚里士多德接着说道，每一个行为、每一个事件都

因此人的每种行为必定出于以下七种原因之一：机遇、本性、冲动、习惯、理性、愤怒或欲望。

——亚里士多德

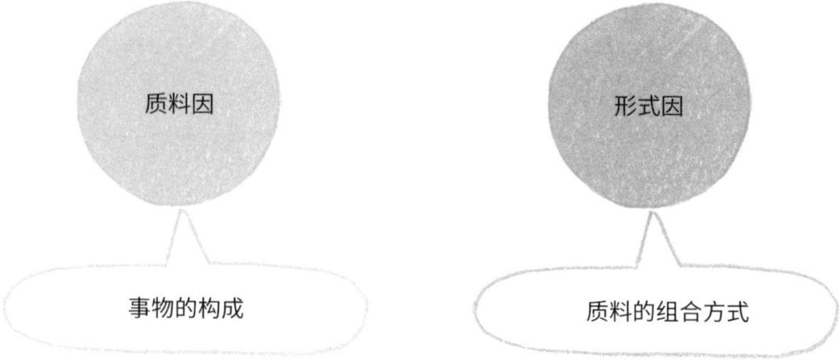

是由某些东西促成的。这个东西可以只是纯粹的机遇，也可以是与上述的四因相关联的东西，譬如本性、冲动、习惯、理性、愤怒和欲望。不管出于何因，这些行为或事件都是另一样东西所导致的结果。但是，如此一来我们就要面对这样一个问题：如果每个导致某一事件的原因同时又必定是另一个事件的结果，那么我们最终就会不可避免地得到一系列无限连锁的事件——每一个事件都是下一个事件的诱因。正在发生的事都是由过去已经发生的事造成的。这样看来你确实有理由将自己的恶习归咎于童年的糟糕境况，那么最终的责任就落在了无限连锁的起始点上：它是宇宙大爆炸还是上帝呢？

然而，亚里士多德并不满足于"无限"，他尤其不认同我们当下的行为是由过去已发生的事所决定的，因为这样你就能逃避一切行为的责任。相反，亚里士多德认为人类拥有"选择"这一奢侈的能力，所以，我们在某种程度上能够摆脱外物对我们行为的影响，同时有意识地成为其他事件的诱因。

一些哲学家会认为亚里士多德的论证有点虎头蛇尾：他们认为亚里士多德最后一部分的论述缺乏正当的论据，并且觉得这完全

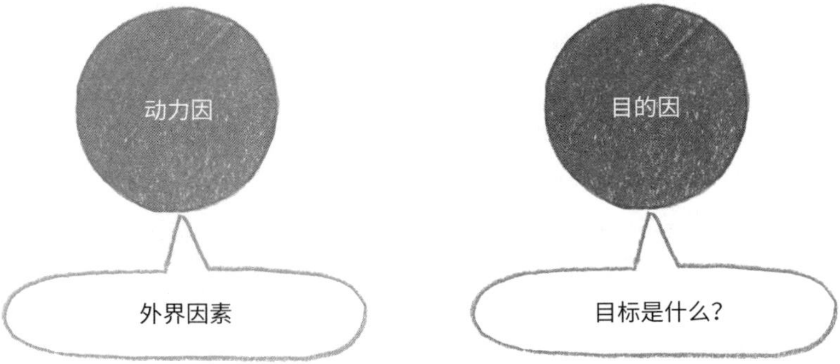

出于亚里士多德个人对“因果决定论”（causal determinism）——一切事物都被已经发生的事件预先决定好了——的抵触。你如果接受了“因果决定论”，那么就不得不承认，我们的行为并不受到我们自己的控制。

幸运的是，**波爱修斯**的回答完善了亚里士多德的脆弱论证。波爱修斯认为，尤其对你而言，这个问题的一部分关键在于：如果我们的行为是命中注定的，那么我们就不必为自己的行为负责，更不用说因此受罚了。而事实上，智慧的上帝（第一因）虽然预先规划好了一切事物的发生，但也赐予了我们“自由意志”（free will）。这听起来有些玄乎，但波爱修斯会解释说，虽然我们拥有自由意志，但是上帝还是能知晓我们的动向，因为他能预见我们出于自由意志的选择。

你尽可以接受波爱修斯的观点，前提是你信仰上帝，**尼采**如是说。但是上帝已经死了，我们成了自己行为的主宰，且我们所选择的行为塑造了我们自己的命运。我们不能让我们的社会、成见或是我们的过去，来决定我们是谁、我们该做什么。我们要克服我们的过去使我们成为的东西，我们要自己决定自己将成为什么。我们要超越的是我们自己！而这意味着，尼采补充道，你再不能把自己糟糕的童年当作借口。背负起自己的生命，然后为自己的生命创造意义。

可不管怎么说，法律无情，它才不会管什么上帝的预先规划和人的自由意志。虽然你可以以自己的家庭背景为由请求法庭减刑，但法律可不会允许你安然无事地溜之大吉。这意味着你要受到一些处罚。毕竟，犯了罪就要接受惩罚。

然而对**苏格拉底**而言，上述观点的合理性还有待商榷。苏格拉底本人经常发现自己站在既有法律的对立面，并得出了这样一个结论：犯罪是对自身的一种惩罚，因为它有损于我们的灵魂。而刑罚唯一可能的用处就在于让那些罪犯望而生畏，从而净化自己的灵魂。不仅如此，苏格拉底认为施刑者也在损害他们自己的灵魂，其程度更甚于罪犯。

你也许认为苏格拉底的这番理论很难在犯罪分子以外的人群中找到支持者，但**边沁**恰恰赞同苏格拉底的观点。他认为苏格拉底的正确之处在于，他指出了刑罚是一种恶，但同时在一些特殊情况下也可能是必要的手段。这是因为刑罚背后有着不同的动机——比如为了让犯罪者承担报应，或是为了遏制再犯的同时对其他人起到威慑作用，又或是为了让罪犯恢复理智。当然，刑罚也可能仅仅是为了保障人们的安全而排除危害的一种举措。但是

一个人的德性是一个人所真正拥有的全部，因为它不会因命运的无常而动摇。

——波爱修斯

边沁提倡，比起实施刑罚，我们更应该考虑的是如何减少犯罪，而这就会牵涉到对违法者的改造和再教育。对你而言，这将意味着学会看到你的生活方式中的错误。

抉择时刻

如果你想把自己的恶劣行径归咎于生养你的环境上，那么亚里士多德确实会为你提供一些理论依据，但这并不能让你逍遥法外。你或许像波爱修斯那样，认为自己的行为是被预先设定好的（但波爱修斯认为你是有自由意志的）。你也可以认同尼采，认为自己应该克服自己的过去。然而，你是否要受到法律的制裁是另一个问题，或许你可以追随苏格拉底和边沁，认为刑罚并不是解决犯罪问题的必要条件。

好人为什么难做？

柏拉图 ‖ 亚里士多德 ‖ 马基雅维里 ‖ 尼采

这听起来可能有点做作，但我确实很想成为那些夸张的好莱坞电影中的英雄。你懂的，就像加里·库珀和詹姆斯·史都华所扮演的那种形象，他们即便在逆境中也能为正义挺身而出，并且证明了只有正义才是正确的。这些好人最终必将获得胜利，并且受到众人的膜拜。还有，他们也总是能赢得姑娘们的芳心——这不是猎艳，而是真爱。说真的，我就是想当个好人，真没什么可说的。难就难在，我不知道自己该怎么做。

不幸的是，真实的生活并不如电影那般刺激，但起码你说清楚了你的诉求。这些你所向往的角色包含了你崇拜的品质，因此也成了你渴望模仿的对象。可这是为什么呢？因为你觉得自己是个十足的坏蛋吗？你听起来像是想要成为一个好人，但并不清楚自己的做法是否正确。至少你觉得自己在外表上并不如格里高利·派克所扮演的角色那样轮廓鲜明、五官端正（他帅气到令人难以置信）。或许你应该从哲学家们那里听取一些建议。

一切关于“好”的追问，都要回溯到古希腊人那里。在

道德德性是通过习惯养成的……我们通过办事公正成为公正的人，通过保持节制成为节制的人，通过行事勇敢成为勇敢的人。

——亚里士多德

此，古希腊的两位伦理学权威——**柏拉图**和他的好对手**亚里士多德**——分别提出了两种不同的观点。首先，让我们请较年长的柏拉图向我们展示他的智慧。柏拉图会解释说，这是一个关乎德性之本质的问题，而德性这个概念包括了一切在道德上可以被称为善的东西。你如果想要当个好人，那么首先必须要知道什么是德性。而知晓这一点，正是一切的关键所在。因为你对德性尚不知晓的时候，你是不能够做一个好人并行善事的，而你一旦获得了关于德性的知识，那么也将不会做善事以外的任何事情。在这个意义上，柏拉图认为德性即知识：你不可能知善而作恶，因为如果你知道了什么是好的，你就知道它为什么是好的，从而也就知道做好事，对你和任何人而言都是好的，这样一来你的行为就是具备德性的。要想知道什么是德性，你就得知道德性意味着什么。德性更像是一种完美的东西，你并不能在周遭世界找到任何具体的实例——毕竟这个世界就是不完美的。所以德性是一种理念，一种我们只能对其有所思考，只能存在于理念世界的东西。要想理解德性，并知道它究竟是什么，你就得运用你的理性。你如果能将自己朝向德性的理念，那么就离成为一个好人不远了。即便如此，你也不能完全触及至善的理念，因为完美的东西只存在于理念世界。好人能够知道德性意味着什么，而哲学家们能够通过他们的理性来理解理念的世界。所以你如果真的想当一个好人，就去学点哲学吧，因为哲学家们才是真正的好人。

亚里士多德则完全不能接受柏拉图所说的理念世界。在他看来，你如果想要知道什么才是一个好人，那就别傻坐在那儿了，你要站起来观察周围的人和事物。我们知道一个东西是什么，并不是凭借我们脑海中的空想，而是凭借我们在现实世界中看到的

> 若非必要，人是绝对不会行善事的。
>
> ——尼科洛·马基雅维里

具体实例。你知道什么是狗，对吗？那是因为你已经见到过很多狗，所以你知道狗具备哪些性质：狗有四条腿，会摇尾巴，偶尔会叫两声，很忠诚，并且会无限奉献它们的爱，诸如此类。对于好人来说也是如此。你不需要存有一个关于好人的完美理念，你所要做的仅仅是观察生活在你周围的那些好人，并找出这些好人的共同性质：譬如他们都拥有正义、勇气、宽容和慷慨这样的德性。这样一来，你就能知道成为一个好人意味着什么。

亚里士多德说，然后你就会发现，那些好人之所以成为好人，在于他们做了好事。你又何尝不可呢？你可以通过观察并模仿他们的行为来学习如何成为一个好人。这就是你的方法。

善人不善

既然两位雅典人已经给出了他们的说辞，现在就轮到了**马基雅维里**，他无疑会让你反思自己企图成为好人的念头。事实上，马基雅维里会直截了当地问你究竟为什么想要成为一个好人。你难道不想要出人头地吗？对德性的强调并不能带给你任何好处。马基雅维里会说，你私下里想当个有德性的人是没什么问题，但你如果想要干一番大事业，就得明白，恰

基本哲学问题

我们怎么才知道“好”意味着什么？好是内在的还是可以被习得的？

恰是那些能够舍弃道德的人（而非好人）才能有所作为。从长远的角度看，他们也确实做了一些好事——他们取得的成就能够为他们的手段正名。你觉得电影里那些道貌岸然的家伙值得尊敬，不是吗？这才是你想要成为好人的真正原因：你想要被崇敬，想要变得受欢迎。如果你是这样想的，那么事实注定会让你失望，因为大人物并不是通过交朋友来扩大其影响力的。马基雅维里会告诉你，有很多人（像政治家、商人这类）都咨询过他：令人畏惧与受人爱戴，二者之间究竟哪一个更值得追求？马基雅维里的回答是，两者兼备固然最好，可如

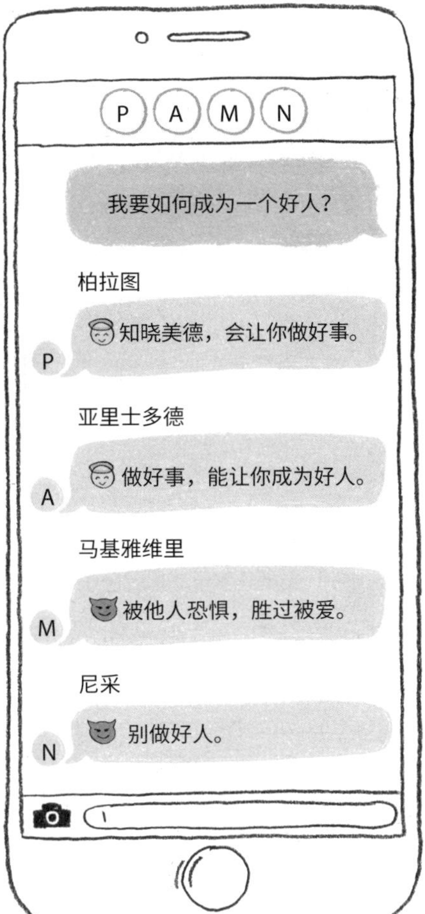

看看这些善人和正直者吧！……看看这些拥有形形色色信仰的信徒吧！他们最恨谁呢？最恨那个打碎他们价值招牌的人，那个破坏者，那个罪犯。但那就是创造者。

——弗里德里希·尼采

> 如果德性是唯一的善，那么我们就无法通过理性来反驳残暴和不公正，因为，就像斯多葛派学者反复指出的那样，恰恰是残暴和不公正给予了受害者实践美德的最佳机会。
>
> ——伯特兰·罗素

果你必须在其中做出选择的话，令人畏惧的人比受人爱戴的人要安全得多。

好人 vs. 超人

尼采也会对德性这一理念表示不满。他会质疑那些我们通常认为属于美德的东西（它们通常来自宗教的规范）到底能否被称为是好的。当一个谦卑而软弱的人有什么好的呢?那是受压迫者的道德，奴隶的道德。事实上，尼采认为，正是这些美德使我们成了懦夫——你可不能把这种东西当成是好的。如果我们摒弃那种逆来顺受的美德，并用诸如力量、权力、才能（擅长做某些事或是取得某些成就的能力）这类东西来替代它们，那么我们对于好人的观念就会产生翻天覆地的变化。我们要的是性情温和的克拉克·肯特[1]吗?不，我们要的是超人。

想一想你为什么要成为好人吧。你是想要自我感觉良好，还是想要被他人所敬仰?这些模棱两可的动机并不能真正使你成为一个好人（因为如果你仅仅是想要单纯地活得清白或是被人敬仰，

[1] 克拉克·肯特是美国动漫作品《超人》中的主角超人伪装成人类时的名字，此处的超人一语双关，既指虚构人物超人，又指尼采的超人概念。——译注

还不足以被称为是“好”的），它们只能使你看上去像个好人。

但如果你坚决想要获得大家的喜爱而成为好人，那么请记住尼采给你的建议：那些想要成为榜样的人必须在自己的美德中加入一些愚蠢，这样一来人们才能效仿他，从而抬高这个被效仿的人的地位——他也就成了为众人所喜爱的。

所以别让自己变得太好了，否则你会好到没朋友。

抉择时刻

你可以通过不同的方式来解决这个问题：比如，你可以顺着柏拉图的思路，想象一个自己向往的好人的理念；你也可以采用亚里士多德的方法，去效仿现实中的好人好事。你或许又会像马基雅维里和尼采那样抱有疑问：自己究竟为什么想要当一个好人呢？然后你就会改变自己对于什么才是真正的好人的理解。

当今世界纷争不断，这叫我怎么能相信上帝存在呢？

伊壁鸠鲁 ‖ 休谟 ‖ 波爱修斯 ‖ 亚里士多德 ‖ 柏拉图 ‖ 圣安瑟伦 ‖ 康德 ‖ 罗素 ‖ 费尔巴哈 ‖ 马克思 ‖ 尼采 ‖ 帕斯卡

每当你拿起报纸或是打开电视看新闻的时候，总能看到无数战争报道、恐怖袭击和暴力事件。这个世界上充满了人类的自相残杀。一边是正冒着生命危险试图逃离战火的难民，而另一边则是准备从这些人的痛苦中获利的军火商或政治家。但这只是人类对自己的伤害。干旱、饥荒、地震和瘟疫这样的自然灾害也时刻危害着无辜之人的生命。这一切都使你不得不发问：为何一个仁慈的上帝能容许这些苦难的发生？

在你之前已经有无数人问过了类似的问题。我们的世界充满了危险，无辜的人们一直在承受着苦难并且过早地死去。很难想象我们中没有人会因此而苦恼：为何一个至善的上帝会将这些无辜的人抛弃呢？这个疑问由来已久，早在古希腊那些最初的哲学家提出刁难人的问题的时候，这样的困惑就已经存在了，然而，在他们那里，这种提问多半是为了逃避因不敬神而招致的责罚——真正切中问题要害的哲学家在多年以后才终于出现。

那个哲学家就是**伊壁鸠鲁**，伊壁鸠鲁主义（一种寻求快乐、避免痛苦的生活方式的哲学）就因他而得名。同时伊壁鸠鲁也以一种谜题的方式提出了神与恶的问题，即伊壁鸠鲁难题。他的说法大概是这样的：神应当是全能全善的，但是世界上仍有恶发生。难道是神虽然想竭力遏制住恶，但无能为力吗？那么这样一来神就不是全能的。难道是神虽然有能力阻止恶，但不愿意那么做吗？果真如此，神就不是全善的。如果神真的是全能全善的，那么这些恶又从何处来呢？

> **基本哲学问题**
> 如果世界上充满了恶，那么一个全善的上帝的存在是否可能？上帝的存在能否被证明或证伪？上帝的存在究竟属于理性的论证还是属于信仰的范畴？

尽管伊壁鸠鲁的难题并不能直接给予你的困惑一个清晰的回答，但至少我们明确了伊壁鸠鲁对于一个全能全善的神的理解是什么样的。如果一个全能全善的神真的存在，那么就不应当有恶发生；可我们的世界毫无疑问存在着恶，所以这样一个全能全善的神并不存在。伊壁鸠鲁的这一套论证似乎很难反驳，事实上，将近两千年后的苏格兰怀疑主义哲学家**休谟**也在他的《自然宗教对话录》（*Dialogues concerning Natural Religion*，1779）中坦白："伊壁鸠鲁遗留下来的疑难尚未被解决。"

在你举手投降，承认伊壁鸠鲁的论证无懈可击之前，也不要忘记，还有很多哲学家提出了有力的支持上帝存在的论证。不难想象，这些哲学家中的绝大多数都有着一神教背景，如犹太教和伊斯兰教，但最为活跃的还是基督教。作为最早的拥有基督教背景的哲学家之一，**波爱修斯**甚至敢直接挑战伊壁鸠鲁的难题。尽管不那么情愿，波爱修斯还是会承认世界上有恶，可是这不意味着一个全

> 您众多追随者中的一员并非毫无根据地发问："如果上帝存在，那么恶从何处来呢？如果上帝不存在，那么善又从何处来呢？"
>
> ——波爱修斯

能全善的上帝因此就不存在了。上帝确实存在，并且上帝是善的，但是上帝凭借着其智慧和权能赋予了人类自由意志。由于拥有自由意志的人类并不像上帝那样完满，所以我们才会作恶。

我们因为自身的罪恶而必须接受惩罚，所以就不得不遭受瘟疫和虫害等灾难的折磨。可这样一来，无辜者和善人所承受的苦难就会变得毫无根据。然而，基督徒们会用我们每个人生来就带有的“原罪”来自圆其说。

对上帝的证明

如果波爱修斯的反驳不能使你信服，那也是无可厚非的。哪怕是在基督教内部，也有人觉得波爱修斯的论证存在缺陷。所以他们走上了反驳之外的另一条路，即用他们自己的方式证明上帝的存在。证明的方式尽管形形色色、五花八门，但基本上都是三种主要的证明方法的变体。

第一种证明方法就是“宇宙论证明”(cosmological argument)。这种证明方式其实可以追溯至更早期的古希腊哲学家那里，但它是被**亚里士多德**发扬光大的。亚里士多德是一个注重方法和体系的人，他认为，一切事物的生成都遵循着一种特定的规律。也就是说，没有什么是能够凭空出现的，万事万物背后都必定有其成因。如果一个东西导致了另一个东西的发生，那么它背后也必定有其自己的成因。若是我们审视宇宙中的万物，那么它们就会形成一条因果链，按照亚里士多德的理论，你可以顺着这根链条一直追溯下去，最终你就能找到第一因，它就是一切的推动者，是整个宇宙的起源。在亚里士多德那里，这个作为宇宙创造者的第一因就是神。

不太赞同这种说法？的确，许多哲学家，包括休谟，并不能认同这样一种因果联系：仅仅是因为一件事接着另一件发生，就认定前者必定是由后者所导致的。就算我们接受一切事物都有其成因这一观念，可是因此就判定神是第一因未免也太过武断了。可如果宇宙的创造者背后还有一个创造者，那么这个创造者又是谁创造的呢……这样一来我们就陷入了哲学家口中的无穷后退（infinite regress）陷阱，这并不能解决任何问题。

不过，这里还有另外一种看似有说服力的证明，这种证明方法同样以创造为基础。它有时被称作“设计论证明”（argument from design）或“目的论证明”（teleological argument）。这种论证方法经由**柏拉图**之手被改进，随后为古罗马哲学家们继承，直到最近还在被基督教的神创论者引用（不过别让他们影响你自己的判断）。总之，柏拉图及其追随者会让你环顾周遭世界，惊异于万物与其环境的和谐。不仅如此，万物总是在关系网中充当着彼此的目的。而这一切不可能来自一种单纯相继的偶然，很明显，宇宙中的万物是被设计好的，遵循着一种精密的规律。这种规律能向我们表明，它出自一位智者的设计，而这位智慧的设计者正是神。

这还不足以让你信服吗？那你也许更倾向于**圣安瑟伦**（St Anselm，1033—1109）的证明。该证明被称作“本体论证明”（ontological argument），圣安瑟伦首先会让你设想一种无与伦比的完美存在者，而这个被你设想出的无与伦比的完美存在者唯一欠缺的就是实存——它只在你的想象中存在。所以，圣安瑟伦说，你所设想的那个东西并不是无与伦比的完美存在者，因为那个能够实际存在的无与伦比的完美存在者才是最完美的。圣安瑟伦认为,“我们无法设想出一个比上帝更加完美的存在”,而最完美的存在应当具备实际存在的特质,所以上帝在现实中是存在的。

信仰问题

江山代有才人出,因此后继的哲学家们自然想要驳倒前人的理论,在某种意义上,这些后生也确实可畏,不过,其中思想最缜密、结构最严谨的批判还是出于**康德**之手(当然,如果你不介意不可知论的话)。在经过审慎的检验之后,康德认为,那些所谓“本体论证明”、“宇宙论证明”和“目的论证明”没有一个是靠谱的。你如果硬是想要证明上帝的存在,那还是省省吧,因为即便真的有一位上帝存在,那这位上帝也在我们的认知能力之外,所以,上帝的存在问题就变成了你是否相信上帝存在的信仰问题,而非理性的论证。康德的论证得到了**伯特兰·罗素**的支持,罗素指出,试图证明一样东西不存在(和证明一样东西存在)是毫无意义的。他会说自己相信存在着一个不可见的绕着太阳旋转的茶壶,并邀请你证明他的这一信念是错误的。同样的道理,那个装神弄鬼的“飞天意面神教”也将一种对于飞翔着的意大利面怪的信仰建立于这样的不可被证伪性之上。

然而,这并不能阻止无神论哲学家们的猛烈进攻,事实上,19世纪之后的无神论哲学家比比皆是:他们大部分都赞同**路德维希·费尔巴哈**(Ludwig Feuerbach,1804—1872)的观点,即认为上帝是人类的希望与恐惧的投射;**马克思**对宗教嗤之以鼻,他认为宗教并不能让我们得到慰藉,更不能结束我们的痛苦,相反,宗教是社会的毒瘤。至于**尼采**,他真的对上帝恨之入骨,不过这种恨意

> 当我说我不能证明上帝不存在时，我还应该同时补充说：我不能证明荷马口中的诸神不存在。
>
> ——伯特兰·罗素

不乏个人因素存在：尼采的父亲是一位路德宗的牧师，年少的尼采在他的父亲因患病而痛苦地离开人世前一直是一名虔诚的信徒。因此，尼采对于上帝的态度简单明了：上帝死了，并且是我们杀死了他。世界上不可能有一位全善的上帝，我们若是将一切道德与善的观念都奠基在这个已死的上帝之上，那我们就是十足的傻子。

当你考虑听从尼采的建议的时候，不妨也斟酌一下**布莱瑟·帕斯卡**（Blaise Pascal，1623—1662）的想法。你可以假想帕斯卡为你设了一个赌局，你的生命就是你的筹码。如果上帝真的存在，并且你也这般相信着，那么你就能赢得永恒的福祉（或者和这差不多美好的东西）。如果上帝存在，但你不相信其存在，那么你所要面临的就是万劫不复的罪孽。当然了，如果上帝不存在的话，你信不信就无所谓了。所以，哪一个才是最佳的选项呢？

抉择时刻

现在，你就像众多怀疑论者（伊壁鸠鲁和休谟）那样，看出了一个全能全善的上帝与当今这个混乱而悲惨的世界之间的矛盾。你或许可以在那些信仰神或上帝存在的哲学家那里得到些许慰藉，比如亚里士多德、柏拉图和圣安瑟伦。或者，你认为康德和罗素是正确的，毕竟，我们无法对上帝的存在进行证明或证伪。要是你的信仰已经完全崩坏了的话，你将会成为费尔巴哈、马克思还有尼采的好伙伴。

我怕死——怕死这事寻常吗？

佛陀 ‖ 苏格拉底 ‖ 柏拉图 ‖ 庄子 ‖ 伊壁鸠鲁 ‖ 叔本华 ‖ 加缪

直面自己的死亡并不是一件易事。毕竟，死亡是你一生中仅次于出生的重要事件。我们大家迟早都要经历死亡，但是没有一个人能在鬼门关走过一遭后回来告诉你死亡是什么感觉，所以，死亡依旧是生命中的一个重大谜团。或许正是因为死亡的这种不确定性，你才为此忧心忡忡。然而，死亡真的值得我们对其感到如此恐惧吗？如果对死亡的恐惧已经不能让你好好享受生活，那么你也许应该想方设法去克服它。

比起哲学，大多数人更愿意从宗教那里获得对死亡的慰藉。人们常说："战壕里没有无神论者。"[1]大多数宗教都向我们应许了灵魂不朽——纵然身体朽去，灵魂亦恒久，在这个意义上，死亡并不是终结，而是标志着我们将进入永恒的死后世界。但你如果真的皈依了这种主流宗教的话，就会发现死后的永恒与幸福是有条件的，事实上，比起安抚你对死亡的忧虑，这些教条更倾向于使你萌生对上帝或神的恐惧。总而言之，这些宗教会异口同声地告诉你，如果你老老实实做个好人，那么死亡并不

基本哲学问题

我们是否有可能克服自身内在的对死亡的惧怕？我们如何让生命的有限性变得有意义？

[1] 即，在生死关头（譬如战场上），人或多或少会借助信仰（或迷信）来自我安慰。——译注

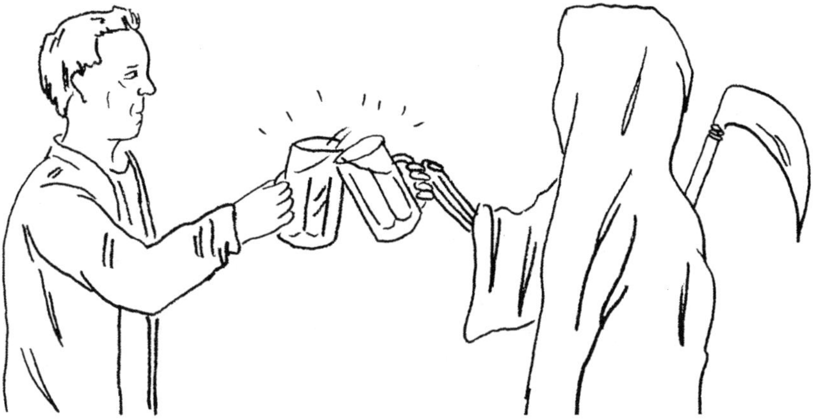

可怕，但是，如果你愚蠢至极地屈服于诱惑和欲望，那么后果自然将不堪设想。

如此看来，这些宗教对我们中的大多数而言并不能真正起到安慰作用。在几乎每一种文化中，人们都认为死后万事皆休，不过，也有一些哲学家试图减轻这种痛苦。**佛陀**（转念一想，比起哲学家，佛陀更像是宗教领袖）处在一个相信死后轮回的文化背景中，但是他认为，如果你能够在众多转世中的某一世觉悟，那么死亡对你而言就不再是折磨。当你到达涅槃之时，就结束了生死轮回，此时死亡自然就消解了。尽管这并不太叫人宽慰，但是在佛教那里，如果你这一世过得一团糟，至少下一世还有机会弥补。

苏格拉底："请怀抱希望，以乐观的态度来看待死亡……一个好人无论在生时还是死后都不会遭遇不幸……"

——苏格拉底，引自柏拉图的《苏格拉底的申辩》

不太糟

苏格拉底的进路则更加实在一些。苏格拉底的发问与质疑最终使得他自己成了雅典权贵们的眼中钉，并且被冠以了不敬神与带坏青少年这两项罪名。但是，苏格拉底并没有因此而老实地闭嘴，他宣称，“对人来说，未经审视的生活是不值得过的”，然后喝下了毒芹汁坦然赴死。所以，尽管苏格拉底更愿意活蹦乱跳地到处提一些叫人摸不着头脑的问题，但当死亡到来时，他还是无所畏惧的。那么，苏格拉底对于怕死这件事又能给你一些什么样的建议呢？苏格拉底会说，其实，他对于是否存在一个死后的世界一无所知。不管怎么说，死，在苏格拉底看来是一种好的状态。假如你是个有德性的人，又相信众人所说的善有善报，那么你死后就能去往一个比人世更加美好的天界，并在那里享受永福。可是即便并不存在一个死后的世界，你也能为自己度过了充实且值得肯定的人生而感到满足，死亡对你而言乃是安息。

怀着这样的思想，苏格拉底举杯与众友人告别，将毒芹汁一饮而尽。**柏拉图**也是众多为苏格拉底送行之人中的一员，苏格拉底之死对这位忠实地记录下其师长语录的学生产生了巨大的触动。不过，这位学生似乎并没有从他的老师那里领悟到这样的讯息：人倘若度过了好的一生，便可安然赴死。相反，柏拉图（这位郑重的哲学家）似乎更倾向于对道德问题的研究，并且坚持认为，一个理性的人应当关心死亡，并且不断对其进行思索——而这似乎又让你回到了原点。

你的焦虑也有可能是由于对死亡的未知。那么，**庄子**或许能够帮助你克服对未知的恐惧。有一天，庄子在路边看见一颗头骨，

> 恶是不可敬的，但死亡是可敬的，因此死亡不是恶。
>
> ——季蒂昂的芝诺

便流露出了对死者的遗憾之情，然而那颗头骨反问庄子，你凭什么说死亡是一件坏事呢？如果你怕死，乃至更甚于害怕接下来会发生的事，那么庄子就会说，死亡只不过是阶段之间的转换，你不过是将迈入下一个生命舞台罢了。[1]

在某种程度上，**伊壁鸠鲁**会认同庄子的说法。你不是想知道死后是什么样的吗？伊壁鸠鲁解释说，死亡就是组成我们身体的原子的消散，在这之后这些原子又会在宇宙的某一处重新组合成其他东西。对伊壁鸠鲁而言，这就是死亡的全部（没有来世也没有意识，死了之后什么也没有），一个生命的完全终止。伊壁鸠鲁指出，我们应当为此感到庆幸，而非恐惧，因为你只要活着，死亡对你而言就不存在，而当死亡到来之际，你也已经不存在了。然而这并不意味着伊壁鸠鲁期待死亡，恰恰相反，伊壁鸠鲁并不像他同时代的斯多葛主义同僚那样认为死亡是一件富有英雄气概的、值得尊敬的事。他认为，死亡这件事，作为我们存在的绝对终结，对我们而言是最坏不过的。但如果真的死了，那就又没什么关系了。

死亡的意义

一般来说，那个几乎不能给你任何安慰的哲学家就是**叔本华**

[1] 此处本书作者对庄子的生死观理解有所偏差，读者可参阅《庄子·至乐》自行核实。——译注

> 所以，死亡这个最坏的东西与我们毫不相干，因为当我们存在时，死亡对于我们来说还没有来，而当死亡到来时，我们已经不存在了。
>
> ——伊壁鸠鲁

了，然而在死亡这一问题上，叔本华虽然不能一改往日的消极口吻，却也能为你带来些许慰藉。在叔本华看来，生命本来无非就是漫长而无意义的一连串苦难的集合，如此一来，死亡又能坏到哪里去呢？说真的，你为什么要为死后会发生些什么而感到忧虑？死后的你与诞生之前的你有何不同？在此之前，你已经体验过了“不存在”的滋味，所以你并不应该为此而感到恐惧。你要做的，就是停止胡思乱想，然后继续忍受生命的痛苦。

且慢。对生命的思索之所以让人焦虑，是因为最后我们不得不面对自己生命的有限性，即我们不得不认识到：尽管我们现在确实存在着，但是终将不复存在。法国存在主义哲学家们口中的存在的危机（existential crisis）时刻提醒着我们死亡的悬临，这既叫人紧张又叫人发怵。在此意义上，你于开篇提出的问题有了肯定的回答：没错，怕死是一件很寻常的事。但别忘了，对生存感到恐惧也同样普遍。因为你会这样发问：生命的意义是什么？不，生命真的有意义吗？**阿尔贝·加缪**（Albert Camus，1913—1960），这个仅次于叔本华的悲观主义哲学家会提醒你说，试图为我们存在的有限性和生命赋予意义本身就是一种徒劳。我们出生，活着，然后死去，就是这样。这一切都是毫无意义的，真的，所以你不妨克服对死亡的恐惧，考虑一下现在就结束这一切——这样你就不必再面对恐惧和焦虑了。现在，如果你认为那有点虚无主义（老实说，这就是虚无主义），那么加缪会告诉你自杀实际上是在逃避现实。但现在，你已经思考过了死亡的问题，也已经直面了死亡的恐惧。既然你已经思考过了死亡，难道不应该继续生活，并将生命视作一场无意义而又滑稽可笑的闹剧吗？加缪自己也证实了这一点，他作为哲学家、足球运动员和诺贝尔文学奖获得者的辉煌一生仅因一场意外的车祸（他扔掉了自己的火车票，搭了朋友的便车）便戛然而止。这就是生活。

抉择时刻

虽然大多数人都害怕死亡，但哲学家们可以提供一些安慰。苏格拉底认为死后我们会去到一个更好的地方。伊壁鸠鲁、佛陀和叔本华则认为死亡便是痛苦的终结。他们或许能让你感到安心。但是，你如果仍然像柏拉图认为的那样，沉湎于死亡和关于死亡的思考，那么就可能最终会同意加缪的观点，接受生命的荒谬。

第四章：闲暇

为什么大家都这么严肃呢？我只要过得快乐就够了

苏格拉底 ‖ 第欧根尼 ‖ 伊壁鸠鲁 ‖ 叔本华 ‖ 佛陀 ‖ 亚里士多德 ‖ 尼采

为什么大家就不能放松一下？既然叫人痛苦的事情已经够多了，那为什么还要纠结于此呢？我受够了那些满嘴伦常的扫兴的家伙，他们总是告诉我，我认为有趣的东西要么肤浅，要么不道德，要么对我有害。我的享乐又不会让他们身上少块肉，他们的那套说辞与我何干？如果他们喜欢苦苦思索究竟什么是对什么是错，那就让他们自己去苦恼好了，人生苦短，及时行乐。

好吧，这是你自己的生活，你自然想做任何会让你快乐的事。但问题在于，究竟是什么让你快乐？你所说的“过得快乐”到底意味着什么？从你刚才的表述来看，你眼中的快乐似乎是享受性爱、烟酒和摇滚带来的感官愉悦，同时也不必过多考虑自己的行为。此乃人之常情。毕竟，如果条件允许，大家似乎都愿意过这种生活，即，所谓“好的生活”。

“好的生活”是历代哲学家们详细讨论过的一个问题。但这或许只会适得其反——你可能反而会觉得这帮哲学家太较真了，根本不懂得享受人生的乐趣。不过，我们还是先忍耐一下，听听他们怎么说。因为，哲学家们旨在找出那个真正让我们快乐的东西是什么，只有这样，我们的生活才充满意义。例如，对古希腊人而言，那个真正让人快乐的东西就是“eudaimonia”，通常我们将它译作“幸福”，但更准确地说，它的意思是“拥有好的灵魂”，或者“感觉良好”。然而，辩论的真正焦点在于，我们如何实现幸福。

> 未经审视的生活是不值得过的。
> ——苏格拉底

当然，这取决于你所说的“好”是什么意思。“好”是一支好雪茄的那种好吗？还是一个好人的那种好？令人愉悦的东西和善的东西是有区别的，但是通常我们都称二者为“好”的。这也难怪**苏格拉底**会问，“好的生活”究竟意味着什么？这里的“好”究竟是快乐还是善？而这又会引出苏格拉底无穷无尽的发问，以此来弄明白你所说的“过得快乐”到底是什么意思。最终你会发现，就连你自己也没有搞懂究竟什么才是“过得快乐”。

快乐还是善

苏格拉底会让你设想这样两个人：一个总是试图使其行为合乎道德，而另一个总是在他做的每件事中寻求快乐。我们分别称他们为D先生和E先生。先看看D先生吧。你会说他是个好人吗？当然，D先生本来就以好人著称。为什么？因为他做好事。这就是你所理解的“过得快乐”吗？不，当然不是。但你会说他过着好的生活。那么，快乐和过得好有什么不一样呢？快乐是另一种“好”。因为他过着高尚的生活吗？现在，我们正在接近问题的核心：高尚的生活和好的生活有什么不同？

基本哲学问题

什么是“好的生活”？“好的生活”与“活得好”有什么区别？真正幸福的生活应该追求快乐还是善？

在给出你的回答之前，我们不妨再看看E先生。他过得好吗?是的，当他吃喝玩乐的时候，看起来是这样的。这是件好事，不是吗?你好像不太确定。也许你想说这是一件令人愉快的事情，也就是说，这会让他快乐。那么好的事情就是让你快乐的事情?你好像就是这个意思。

让我们回到D先生那里。他幸福吗?他看起来的确很幸福。可是，他是否满足了自己的肉体欲望?不，他恰恰无视了那些欲望。那到底是什么让D先生幸福呢?是不是因为他做了好事?是不是因为他的德行?既然幸福和你所说的快乐是一回事，那么他现在过得很好，也很愉快。如果你可以通过做一些有道德的事情来变得快乐，那不是比单纯为了快乐而去做一些不道德的事情更可取吗?

苏格拉底很可能会对你的困惑莞尔一笑，甚至开怀大笑，因为他对你的思维方式感到很满意。他会告诉你自己是有多么喜欢这种理智的对话，而没有这种对话的人则错过了很多快乐。追求感官的满足只是浮于生活的表面，而不是“好的生活”，因为感官的享受是肤浅的存在。接着，苏格拉底会说他和你聊得很开心，现在，他要去享用一顿午餐与一杯葡萄酒了。

除了让你的观点显得肤浅和简单外，苏格拉底还指出，对立的双方（也就是D先生和E先生）可以类比**第欧根尼**（Diogenes of Sinope，公元前404—前323）与**伊壁鸠鲁**。伊壁鸠鲁会告诉你，快乐（无论是感官上的、智力上的，还是单纯的感觉良好）即是我们与生俱来的认定一个东西是“好”的标准，而痛苦则是“坏”的标准。所以，伊壁鸠鲁会让你尽可能地过得开心点。但正如苏格拉底所说的那样，我们不能总是把“好”理解为沉溺于肉体的快乐。

另一方面，第欧根尼会让你放弃所有那些短暂的快乐，努力追求生活中更深层的快乐：你要遵守严格的道德准则，过一种简单的，甚至斯巴达式的生活，并与自然和谐相处。这就意味着你要坦然面对困境，接受有时阳光灿烂，有时阴雨连绵的现实，并承认，你对此无能为力。你的欲望并不总是能够得以实现，因此你更应该满足于最基本的生活欲求。不管怎么说，我们大多数的不满总是来自想要过得快乐，而不是过得好。

叔本华很能够理解那种无法实现愿望的感受。他会以极其悲观的方式告诉你，如果你只想过得开心，那么必定会以失望告终。假如你想要的东西遥不可及，那么第欧根尼的观点是对的，你的欲求确实会落空。但是，第欧根尼忽略了，你即使真的能够得到它，也并不能获得满足——至少不会满足太久。一旦你的欲求实现了，那么接下来呢？你会欲求更多。而这必将让你陷入绝望之中。我们在追逐欲望（特别是对幸福的追求）的过程中会不断地遭遇失望与挫败，因此，我们注定要过一种痛苦的生活。算了吧，你永远都不会快乐的，因为即使你已经拥有了令人愉悦的事物，也不能得到满足。

中道

这是典型的乔答摩·悉达多，也就是**佛陀**的观点，他脸上平静的微笑似乎在诉说着，他知晓幸福生活的秘诀。佛陀会告诉你，他早年身为王子，过着极尽奢华的生活，但并没有从中得到真正的满足感。于是，他决定出家苦修，只追求精神上的目标，却差点因此饿死。正是在那一个瞬间，佛陀悟了，并意识到存在着一

中道

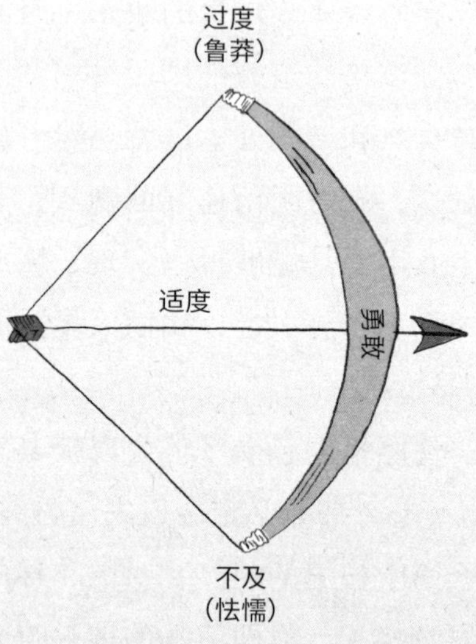

即便是像勇敢这样的德性，也具有在“鲁莽”与“怯懦”两级之间的适度

种“中道”。你永远无法满足你对感官愉悦的渴望，即便是一味拒绝它们也无济于事。不妨承认这些感官欲望的存在，然后再试着去克服它们。

这和苏格拉底的观点（调和善与快乐的生活）似乎有异曲同工之妙。**亚里士多德**会表示赞同，只不过他并没有采用“中道”这种说法，而是称其为“适度”（golden mean）。亚里士多德认为，凡事都要适度，德性也是如此。适度是介于过度和不及之间的理想节点。就拿勇敢这种德性来说，一个人若是表现出过多的勇气，那么就已经误入了鲁莽的领域，而鲁莽不能被认作德性。相反，一个勇气不足的人则是怯懦的，而怯懦在任何方面都不是一种可取的品质。生活中的每一件事都是如此，我们要在过度与不及之间找到适度。所以，你可以试图让自己过得快乐，但不能太快乐，你也可以让自己过得好，但也不要太好。

鉴于**尼采**对传统道德的蔑视，他并不会认同上述观点，相反，尼采会将争论从德性拉回到满足。与其去想你所做的事情是否在道德上是正确的，不如集中精力去实现一些目标。不过，不要只追求简单的快乐：它们没有你想象的那么美妙。叔本华所说的我们永远都不能满足自己的欲望是错误的。如果你敢于尝试的话，纵欲并非由享乐而生，纵欲之母乃是苦难。

——弗里德里希·尼采

获得满足并非不可能。而满足的程度则取决于你为实现自己的愿望所付出的努力。正如克制欲望并不就是善的，努力和痛苦本身也并不就是恶的。一切的付出最终必有回报。举个例子，从山顶上看风景可以让人叹为观止，但你如果是徒步爬上那座山的，就会比乘坐直升机到达那里的人更感到快慰。当你宛若欣赏山上的风景一般回顾自己的一生时，你更愿说自己过得很快乐，还是说自己过得很好？

抉择时刻

在匆忙做出决定之前，你可以采取苏格拉底的建议，问问自己“过得好”到底是什么意思。你指的是伊壁鸠鲁所说的那种旨在满足欲望与感官愉悦的幸福吗？或者你认为幸福是指过一种高尚的生活，与自然和谐相处，就如同第欧根尼所描述的那样？还是说，存在着一条“中道”，像佛陀和亚里士多德所提倡的那样？也许尼采是对的——好的生活就是愿望得以实现。

“回归自然”是现代人的矫揉造作吗?

第欧根尼 ‖ 毕达哥拉斯 ‖ 老子 ‖ 孔子 ‖ 霍布斯 ‖ 卢梭 ‖ 谢林 ‖ 梭罗 ‖ 爱默生 ‖ 纳斯

“回归自然”，这个想法很好，毕竟，这才是生活的本来面貌，这才是“美好生活”，哪怕这种美好十分短暂。然而，现实与我们的幻想大相径庭：我们不得不日复一日地与恶劣的环境和贪婪的臭虫搏斗，在篝火上烤出一些叫人难以下咽的食物，在不舒服的床上辗转反侧，只为争取几个小时的睡眠。从远处观赏，自然确实美如画，但所谓“回归自然”带来的仅仅是一点点心灵上的慰藉。身处文明社会的哲学家们会推荐我们去露营吗?

嗯，确实有这种哲学家存在。事实上，很多哲学家与你的家人持同样的想法，并感慨于自然世界之美。话虽如此，他们中到底有多少人会真的和你一起去野营则是另一回事。哲学是文明（即，在市镇建立社会的进程）的产物，因此，哲学家大多是城里人，有着充裕的闲暇来进行思考。他们尽管认识到了这一点，但还是忽略了农村生活的弊端，并沉湎于一种理想的自然观，认为它是“美好生活”的典范，是应该过的生活。

基本哲学问题

我们应该与自然和谐共处，还是应该超越自然？我们对“好的生活”与“美”的想象是否真的源于自然？还是说，这只不过是我们强行加诸自然的臆想?

对大多数哲学家而言，田园牧歌不过止于言辞。犬儒学派就提出了一种崇尚与自然和谐相处的哲学，但他们自己则在富饶的雅典城过着安逸的生活。犬儒派中一个值得尊敬的例外是**第欧根尼**，

他也被称为“狗一样的第欧根尼”（犬儒的原文“Cynics”取自希腊语中的狗，而第欧根尼本人就过着狗一般的生活），并且，他身体力行地贯彻了犬儒派所宣扬的思想。第欧根尼在回归自然的问题上尤其严肃，以至于为了实践这一原则，他干脆住在了雅典市场上的一个木桶里，并向公众展示自己如何过着无欲无求且自在的生活。第欧根尼肯定会赞成你家的野营旅行，只不过，他会建议你将其作为一种恒久的生活方式，而不是偶尔对日常生活的逃离。

自然界中的一切都令人惊奇。

——亚里士多德

第欧根尼对其他的犬儒派哲学家，以及后来在自然生活中发现美的斯多葛学派都有一定的启发。尽管当时人人都在谈论大自然是多么美好，但是希腊人只热衷于自己的理想图景。从**毕达哥拉斯**（Pythagoras，公元前570—前495）开始，希腊人才真正从自然中看到了他们想要看到的东西：秩序、平衡、对称和优雅。而这也反映在他们的艺术和建筑上：比起那种原始的灵感，这种精致的美似乎更受古典时期的希腊城民欢迎。柏拉图把对自然的研究看作几何学的实践，而亚里士多德则穷其一生对自然进行划分，使其合乎自己的体系。他们肯定会认为野营旅行是个好主意，但是千万不要忘记带上高科技装备。

丛林法则

你如果不愿在乡下度假，并且想给自己找一些理论依据，那么，就最好转向东方。与古希腊一样，中国的古代文明也曾孕育过一场回归自然的运动。道家，以那位带有神秘色彩的**老子**为代表，坚持认为合乎“道”的生活才是好的生活，“道”是万物背后的推动力，是万物之本。但是，中国的另一支传统也不容忽视，即以**孔子**为代表的儒家。他能够理解你对于下乡的疑虑。他承认，乡间的风景很美，尤其能为艺术创作提供灵感，但前提是你要把那些不合乎礼的部分去掉，并在其中注入自然所缺乏的庄重与精妙。孔子一生致力于建立一个文明社会，这个社会奠基于人与人之间的相互尊重之上，远远高于古老的乡村生活方式。孔子费尽心思想让我们的生活更加文明，可是为什么他还留有些许对自然的迷恋呢?

这一观点得到了**托马斯·霍布斯**的共鸣。他所居住的英国由于“人类这件理性的、最杰出的自然作品”的文明化努力而繁荣舒适。但是，霍布斯对大自然的真实面貌并不抱有美好的幻想；剥去文明的外衣，你就会看到人们在“自然状态”中的丑陋根性。他告诉你，自然界中的一切都在为生存而斗争。大自然，正如丁尼生后来所说的，“显摆着其滴着鲜血的爪与牙”，是我们应该不断努力克服的东西，只有这样，我们才不必受制于丛林法则。一个有理性的人怎么会去设想在这样一个“穷苦、肮脏而又野蛮”的环境中度过悠闲时光呢？霍布斯表示严重怀疑。

你可能会以为，随着社会城市化进程的推进与日益繁荣，人们会渐渐淡忘回归自然的想法。实则不然。我们越是文明，似乎就越渴望那种离我们越发遥远的田园牧歌式生活。这种渴望印证了**卢梭**的革命性思想，他认为一切事物在其自然状态下都是好的，但它们也会被文明所腐化。这是对启蒙运动的文明化、城市化和理性化的强烈反思，是一种从自然世界寻求灵感的新浪漫主义。当时，城市里就流行一种蜂拥到乡下享受大自然的休闲方式，并且，这股热潮一直延续至今。

这份回归自然的热情一直蔓延到浪漫主义艺术家、作家、音乐家甚至哲学家身上。在将近一个世纪的时间里，“自然”一直被看作德国主流的唯心主义哲学的试金石——那时，几乎每一位德国哲学家都提倡乡村旅行。在他们中间，对自然最狂热的崇拜

只要我们的心灵足够开放，就会发现一切自然的事物都如此亲密。自然从不以凶恶的面容向我们显现。

——拉尔夫·沃尔多·爱默生

者非**弗里德里希·谢林**（Friedrich Schelling，1775—1854）莫属，他的哲学描述了人与自然这一现实整体的同一。如此看来，谢林先生在野营辩论中的立场已经很明显了。你更没必要操心新英格兰超验主义者**亨利·戴维·梭罗**（Henry David Thoreau，1817—1862）和**拉尔夫·沃尔多·爱默生**（Ralph Waldo Emerson，1803—1882）如何看待你对于接触自然的抵触。他们自己就已经完全抛弃了城市生活，走向了森林中的小木屋，正如梭罗在《瓦尔登湖》中所描述的那样。他们的行为激发了人们对于一种以自然环境为核心的哲学的兴趣。

深绿

这种名为“深层生态学”（它不同于科学中以人类为中心的“浅层”分支）的生态哲学出自挪威哲学家**阿恩·纳斯**（Arne Naess，1912—2009）的著作。他认为，我们人类只是整个自然生物系统的一小部分，因此，我们应该学会将自己置于这个大的生物系统之中，而不是不断地试图驯服自然，以达到我们自己的目的；此外，我们还必须思考自己的行为对整个自然的长期影响。这样看来，纳斯也许是最现实的哲学家，就让他来为你的家庭露

啊，自然！你是贫穷者的财富，是不幸者的依靠。那些感受到、认识到并相信你那神圣律法的人，他们的心灵永远平静，他们的身体不会遭受苦楚，因为有了你的庇护，所以他们才能克服困境。

——让-雅克·卢梭

营之旅做一个最后的总结吧。虽然他可能会嘲笑说露营度假只不过是暂时摆脱城市喧嚣的应急之举，但比起直接坐上飞机去欣赏自然景观，露营或许要好那么一些。

抉择时刻

如果你想寻求安慰，并劝说自己野营并没有那么糟糕的话，那你可以接受老子或第欧根尼的建议。然而，在其他的希腊哲学家，以及后来的浪漫主义者（如谢林）那里，“自然”已然成了一个相当理想化的概念，因此，他们的建议或许显得不那么有说服力。霍布斯试图克服野蛮的自然状态，卢梭则赞美自然的美德，梭罗和爱默生指出了城市生活的缺陷。即使你是一个土生土长的都市人，并质疑那种“大自然母亲”的浪漫幻想，也不妨尝试一下野营，就当作是放松一下好了……在纳斯看来，这样你至少还为地球的生态做出了一些贡献。

我应该关心食物是如何生产出来的吗?

伊壁鸠鲁 ‖ 第欧根尼 ‖ 贾比尔 ‖ 马克思 ‖ 纳斯

当你坐下用餐时，你总是期待着能一饱口福，顺便借美食来放松一下。可总有人怀疑我们喜欢吃的食物不论是对我们的身体，还是对地球都百害而无一利。不仅仅是我们偶尔沉溺于其中的垃圾食品，现在的农业和食品工业都是大规模生产，因此，就连我们在超市买的日常商品都充满了添加剂。这些企业生产食品是为了赚钱，而丝毫不顾及消费者的利益。我们当然都喜欢吃健康且新鲜的食物，但是价格的高低和便捷与否又成了问题。

我们所有人几乎都曾面临过这样一个选择：我们是购买现成的、预包装的或加工过的食品呢，还是到杂货店或农贸市场买新鲜的原料自己烹饪。如果我们选择了加工食品，我们又为什么要为此感到羞愧呢？一般来说，只有在道德问题上我们才会感到愧疚，既然如此，“方便食品”就肯定与道德问题具有某种相关性（而不仅限于它对我们是否有益）。

当然了，我们从超市得到的食物是否有营养、是否健康，或者是否真的对我们有害，这些问题依旧是存在的。但是现在，我们关注的是价值问题。也就是说，借助于对价值观的探讨，我们

就能理解为什么你会为选择了一个含有可疑成分的商品（并且你知道这一点）而感到内疚。这就是哲学讨论的开始。

鉴于**伊壁鸠鲁**以趋乐避苦而著称，你会理所当然地认为：他

会慎重挑选出那些能带来最大快乐、最少痛苦的事物，不管这东西到底有没有添加剂。可如果被问及究竟该吃什么的时候，伊壁鸠鲁并不会纵容你尽情享用自己喜欢吃的东西。伊壁鸠鲁承认，直接买来现成的饭菜当然比费尽心思做一顿饭要便捷得多，更何况，吃一些明知对身体有害却相当美味的东西，也让人有一种愉悦的罪恶感。

基本哲学问题

自然的就一定是好的吗？我们日益物质化的生活方式是否合乎道德？

不过，若是我们将目光放长远些，就会知道“物极必反”。你如果吃下了太多油腻的食物，那么肯定会消化不良。同理，过多的垃圾食品会使你发胖、长痘痘和胀气，如此看来，它们似乎就不那么令人愉快了。虽然方便食品的确很方便，而且会给你带来短暂的快乐，但是它们毕竟缺少营养，如果长期大量摄入，甚至会有害于我们的身体健康。垃圾食品被称作“垃圾”是有原因的。所以，你可以偶尔放纵一下，但不要养成习惯。

我们虽然可能会有些犹豫，但还是为伊壁鸠鲁点赞吧。因为到了**第欧根尼**那里，你就找不到吃垃圾食品的借口了。他把你的困惑归结为一个简单的问题：你觉得是吃一顿高糖高盐高脂肪，并且加入了大量防腐剂和色素调味的大餐好呢，还是吃一碗营养丰富的小扁豆配沙拉更好？在第欧根尼看来，这再简单不过了。我们的祖先（他们离我们

其实并不遥远）就靠狩猎和采集为生，所以，我们应该与大自然和谐相处，吃大自然为我们量身定制的食物。对我们而言，嘴里塞满加工过的垃圾食品毫无疑问是不自然的，它们本身就是化学添加剂的混合物。

保健食品

说到这儿，阿布·穆萨·贾比尔·伊本·哈扬（公元8世纪）——他在西方被称为**贾比尔**（Geber）——会礼貌地打断我们的讨论。他指出，作为一名专业医师、药剂师和哲学家，他也许比第欧根尼更有资格谈论不同种类的饮食在营养方面的利弊。他彬彬有礼地指出，在这场争论中使用的“自然”和“化学”等词好比一堆骆驼粪。他解释说，有些人死于食用“天然的”有毒植物，如铁杉，所以自然的并不都是好的，而人造的东西也不一定都是有害的：他使用的许多药物都是在他的实验室里调制的，而不是在自然界中生长出来的。既然如此，凭什么说与自然和谐相处是美好的呢？你可以说三十岁就死是“自然”的（我们的祖先就是这样），但这究竟好在哪里？

你当然可以反驳，说那些垃圾食品里都是“化学添加剂”……

> 奢华的饮食并不能使我们免遭伤害。超出自然需要的财富就像溢出的水那样毫无用处。真正的财富并不能通过戏剧、沐浴、香水和油膏获得；真正的财富只有借助哲学才能得到。
>
> ——伊壁鸠鲁

但贾比尔在化学领域的开创性研究表明，一切（没错，一切）都是由“化学物质”构成的，纯净水是由氢元素和氧元素（“化学物质”）构成的，就连天然泉水也是由各种矿物和有机物组成的令人陶醉的混合物。

话虽然这么说，贾比尔还是承认，方便食品通常是不健康的。但这并不是因为它们是人造的，而是因为在它们的内部，好与坏的物质并没有达到平衡。一个优秀的营养学家发明的药丸可能为我们提供适当且均衡的营养，甚至比任何其他种类的食物都好，这与是否“天然”没有丝毫关系。如果你依然反对，那么这就说明，你所关注的重点根本就不在营养上。

第欧根尼可能会勉强同意。但他坚持认为，自己所说的“人应与自然和谐相处”的论点仍然有效。我们本质上凭借狩猎与采集觅食，所以，仅吃他人端上来的食物并不是我们的天性。生活在繁荣社会导致的问题是，它鼓励我们变得懒惰——我们不会去考虑食物的来源，而只是拿起加工好的和现成的食物。第欧根尼认为，这最终会让我们陷入抑郁，因为我们无法像以往那样，在找寻与烹饪食材的过程中获得满足。

那些连一顿简单的营养餐都吃不起的人在为你加工食物，而你却能坐享其成、大快朵颐，这难道不是不道德的吗？在这个问题上，第欧根尼理所当然地得到了**马克思**的支援。马克思认为，那些加工食品确实可能对你的健康有害，但这都不是重点，它们损害的其实是整个社会，尤其是工人阶级。那些生产方便食品的厂家，也就是资产阶级，在剥削他们的工人，逼迫他们为自己的劳动成果买单。而隶属于巨型企业的超市则剥削他们的供应商，特别是发展中国家的小农。这些资本家唯一关心的就是赚钱，而不是为了共同的利益生产食物。他们垄断了生活必需品的生产，而这些必需品恰恰应该根据需要分配到每个人手中。

你只要购买了方便食品，那么就是在纵容这种腐败的体系：越来越多的钱流向富裕的资本家，他们逼迫无产阶级没日没夜地工作，从而生产更多的食物来养活穷人，这样一来，贫富差距就越发明显。可是，这些资本家要用这么多钱来做什么呢？钱又不能吃，不是吗？资本家们会将这些钱挥霍在奢侈品上，因为这样便可以暂时缓解世界上的饥饿和贫穷。富裕的公司变得更加富裕，所以他们能够接管更多的农业资源，并通过为转基因作物申请专利来垄断生产，从而迫使工人们不得不依附于企业来维持生计——可工人们也不能直接吃钱，所以他们不得不用微薄的工资从他们的雇主那里购买垃圾食品。

环保

受害者不仅仅是工人，**纳斯**说，看看食品工业对我们的环境做了什么吧：动物在工厂化的农场里受尽了剥削和折磨，杀虫剂正在杀死草甸动物和蜜蜂这样的传粉动物，单一种植正在破坏生物多样性。与此同时，肉类和奶制品的过度消费正在加剧对牧畜（这些牧畜能够产生数十亿升的甲烷，使全球变暖愈演愈烈）的需

当人们问他，到底什么时候是吃午饭的最佳时段，第欧根尼回答："如果你是富人，那么你想吃便吃，如果你是穷人，那么你能吃便吃。"

——第欧根尼·拉尔修

求，而牧场的资源本可以更有效地用于种植作物。我们正在制造定时炸弹，并将所有这些可能的危害运往世界各地。我们把大自然当作达到我们目的的一种手段，我们在利用大自然来满足我们自己的贪欲。

也许第欧根尼说得对，我们应该与自然和谐相处，而这不仅仅是为了我们自己的利益，更是为了所有生物的利益。

抉择时刻

如果你不想考虑自己的食物是从哪里来的，那么你可能会成为伊壁鸠鲁的盟友，只求方便和快乐。不过，在内心深处，你可能会更同意第欧根尼的观点，即方便食品并不是一个健康的选择，尽管贾比尔可能会反驳说自然的并不一定就是好的。你也可能会被马克思的论点所左右，认为我们若是不反思自己所需食物的来源，那么这将助长资本主义社会中的不平等。在纳斯看来，更糟的是，全球食品工业正在破坏地球生态。

莎士比亚的戏剧比《辛普森一家》更好吗?

边沁 ‖ 密尔

我们都曾与朋友们有过这样的对话，开头是“你有没有看昨晚电视里播的莎剧?”通常，这会演变成一场节目之间孰优孰劣的争论，并且，你们中总有一个会轻蔑地说:“我平时不看电视。”但你是否应该承认，他们所讨论的《哈姆雷特》对你而言简直无聊透顶，所以你换了频道，看了《辛普森一家》? 更不用说你之后还边喝啤酒边看足球? 那些迷恋莎士比亚的家伙真的比你高雅吗? 还是说，他们只是在装腔作势罢了?

从柏拉图和亚里士多德开始，直至当今的许多哲学家，都曾不遗余力地解释和证明他们所认为的“伟大艺术”究竟是什么。但在某种程度上，他们可能都忽略了人们在欣赏艺术时收获的那种愉悦之情。事实上，大部分哲学家只是在告诉我们为什么应该享受艺术。我们都知道莎士比亚(还有索福克勒斯、贝多芬、伦勃朗等人)是伟大的艺术家，可是，这并不意味着我们不能从其他事物中获得愉悦。尽管愉悦的种类可能有所不同，但它们毕竟都是令人快乐的。

基本哲学问题

流行文化与高雅艺术之间是否有着质的不同?

在这个问题上，我们不妨征求一下功利主义者们的意见，他们所有的道德(和审美)判断都立基于快乐或痛苦的比例。功利主义思想在很大程度上是聪颖而又激进的英国政治与社会改革家**杰里米·边沁**的智慧结晶。边沁告诉你的第一件事便是“大自然把人类置于两位君主的统治下，它们就是痛苦和快乐”，不出所料，你肯定想将快乐最大化，将痛苦最小化，因为痛苦是坏的，快乐是好的。所以，你如果想判断一件事是否比另一件事“更好”，就需要看看它是否能给人带来更多的快乐（或者至少能带来更少的痛苦）。

快乐无贵贱

如此一来，你就需要某种测量苦乐含量的方法。正好，边沁可以为我们提供一个便捷的工具——幸福计算（calculus of felicity）。在这里我们不需要对其进行详细的说明。简而言之，幸福计算是一种用于权衡不同选项的积分系统，它的一边计算痛苦，另一边则计算快乐。尽管边沁家境富裕，才智过人，但他给人的印象是：总是沉醉于肤浅的快乐，而且擅长要小聪明，会将那些高谈阔论

贬斥为“高跷上的胡说八道”。边沁既欣赏理性辩论中智力上的你来我往，也欣赏世俗的快乐，不管怎么说，边沁讨厌那种善恶分明的判断标准。在莎士比亚对《辛普森一家》一案中，他会坚持认为“快乐不存在高低之分”，并严格按照他的幸福计算法进行权衡。在边沁看来，在品味问题上妄断某人的快乐是否高雅是十分无礼的。

不仅如此，边沁还指出，功利主义哲学的核心是“追求最大多数人的最大幸福”。从长远来看，莎士比亚和《辛普森一家》的收益基本持平，然而，若以这种方式计算，足球比赛或流行音乐节的收益就要比前卫的艺术电影或音乐会可观得多了。

但是，边沁的教子**约翰·斯图尔特·密尔**在这个问题上持有截然不同的观点。他尽管非常敬佩他的教父，并投身于功利主义，可是并没有继承其导师的“幸福计算”和“多数人幸福”原则，也不赞同边沁对于庸俗事物的追求与欣赏。事实上，他对这个老男孩颇有微词，他说，人们从中获得快乐的事物能反映出他们是“聪明的还是愚蠢的，有教养的还是无知的，温柔的还是粗鲁的，敏感的还是冷酷的”。在密尔看来，很明显有些快乐比其他快乐“更高级”，它们更重要，也更受人重视。

不过，你怎么才能知道哪些快乐更高级呢？密尔对此的回答是，你可以去问问他们更喜欢两者中的哪一个，并请他们对快乐的质量而非数量做出判断。就拿莎士比亚和《辛普森一家》来说，密尔认为，如果人们真的分别看过了两个节目，那么他们可能会声称自己从两者身上获得了几乎同等的快乐，只不过，从莎士比亚那里获得的快乐质量会更高一些。在密尔看来，我们之所以会做出这种判断，是因为我们更倾向于那种能够激发我们的潜

当一个不知足的人，比做一头知足的猪要好，当一个不知足的苏格拉底，比做一个知足的傻瓜要好。要是傻瓜和猪的意见出现了分歧，那是因为他们的视野都过于狭隘。

——约翰·斯图尔特·密尔

力、智力和想象力的快乐，而不是那些只是简单地满足我们的低级欲望、情感和本能的快乐。不过话又说回来，如果他们连莎士比亚的戏剧都没看过，他们又怎么能将之与《辛普森一家》相比较呢?

而这恰恰解释了为什么当下许多“低级”的娱乐形式如此流行，密尔如是说，因为大多数人都没有领略高雅艺术的机会。他们只能靠流行文化、体育和游戏取而代之，但是这些东西毕竟只停留于消遣和娱乐层面。正如感官上的享受和对身体需求的满足一样，这样的快乐往往转瞬即逝，而高雅艺术却能经得起时间的考验。

抉择时刻

你是否同意边沁的观点，认为自己从《辛普森一家》得到的快乐与其他人从莎士比亚那里得到的快乐并无二致？既然如此，为什么你要为享受不够“理智”的事物而感到内疚？或者你认为密尔是正确的——我们应当将那些仅满足我们感官和本能欲望的娱乐与那些智性的艺术区分开来，因为我们从娱乐或消遣中得到的快乐，与从欣赏伟大艺术中得到的快乐是不同的。

一堆破烂有什么美感可言呢？现代艺术是不是一场骗局？

柏拉图 ‖ 亚里士多德 ‖ 巴特 ‖ 迪基

他们一定是在开玩笑吧。要是把这玩意摆在画廊外面，肯定会被清洁工扫走。就连三岁小孩做出来的东西都比这强。这东西怎么可能是艺术？除了破烂，它什么都不像。可偏偏有人愿意排队去看这该死的东西，而且毫无疑问会有人出重金把它买下。别误会——我敢肯定他们看懂了它背后的艺术内涵，只是我自己看不出来罢了。

人们对艺术（特别是当代艺术）加以评论乃是家常便饭。可能早在史前时期，洞穴画家们就已经互相对各自的杰作（一些对动物的描绘或是神秘符号）进行品评了。有文献显示，古希腊人有时会对那些过于标新立异的雕塑或戏剧表示愤慨。和现在一样，总有些人自视甚高，还瞧不起那些欣赏不了这些艺术作品的人。

所以，当你认为那件艺术品只是一堆垃圾时，你是否成了唯一一个实事求是的人？还是说，这堆垃圾其实真的具有艺术价值？那么，你该如何判断一件作品或一门艺术的价值？更重要的是，究竟是什么使一件作品成为一件艺术作品？这在古希腊是一个热门话题，**柏拉图**对此就有十分独到的见解。实际上，柏拉图本人对任何一种形式的艺术都不太热衷，他甚至认为，一个体面的社会没有了艺术会更好。柏拉图解释说，这是因为艺术（无论是绘画、雕塑、文学还是音乐）都是人为的，都是对现实世界的模仿。

基本哲学问题

艺术是什么？艺术的目的又是什么？

一幅风景画只是自然世界中一个场景的表现，但在柏拉图看来，自然本身完胜风景画。诗歌也是一样：大多数时候它只是一个侧面的描述。人们都说戏剧代表人类的生活，但老实说，这不是很有说服力。总之，艺术远不如它所表现的对象那样激动人心，艺术是现实对象的一种败坏形态。你说那堆破烂？没错，它们是一堆垃圾，但其并不比雕刻一块石头，或者在画布上涂上一些颜色更糟。或许，它是一种概念艺术，代表着一种想法，而不是某一个具体的实在物。即便如此，它也注定是要失败的，因为在一个纯粹表象的世界中，我们不可能达到与理念世界的完美匹配。

柏拉图的观点似乎有些极端，因此并不能得到很多人的赞同，但他确实能够促使我们反思：艺术在试图做什么？艺术的目的是

艺术的目的不在于表现事物的外在形象，而在于呈现事物的内在本质。

——亚里士多德

什么？柏拉图的好搭档**亚里士多德**就由此出发，开始了自己的讨论。亚里士多德承认，艺术是一种再现，可它并不限于对自然世界或人类生活的拙劣模仿，相反，艺术是上述现实的升华。他认为，最好的艺术能够对现实世界中的事物进行提炼，进而使我们洞察事物的本质。我们不指望艺术完美无缺，那样的话，艺术就失去了其意义。例如，雕塑家在创作雕像时，会选择性地忽略一个人的瑕疵，甚至可能会夸大或缩小这个人的某些特征，以凸显人物的性格或其内在美。

亚里士多德解释说，我们之所以欣赏雕塑艺术，其中一部分原因是对雕塑家技艺的钦佩，但更为重要的原因是它能激起我们的情感共鸣。所以，这不是一位雕刻家、艺术家、剧作家或其他什么人模仿现实生活的精确程度的问题，而在于一件艺术作品能否对我们的情感或理智产生触动。这才是我们判断艺术价值的方式，凭借这种方法，我们甚至能够辨别一件作品是否配得上“艺术”二字。

由你决定

再看看那堆垃圾吧，虽然它们对你毫无美感可言，但是你也不得不承认，其他一些人或许能够从中获得审美享受——这堆破烂可能在他们身上激起了某些情感共鸣，或者启发他们对之加以思考。如果是这样，亚里士多德说，那么只要这堆破烂对他们而言还有审美价值，他们便有理由将其视作艺术品。

罗兰·巴特（Roland Barthes，1915—1980）会在亚里士多德的基础上更进一步。在巴特看来，艺术家的创作目标并不重要，因为这不是决定作品意义的重要因素。作品的意义恰恰需要观众

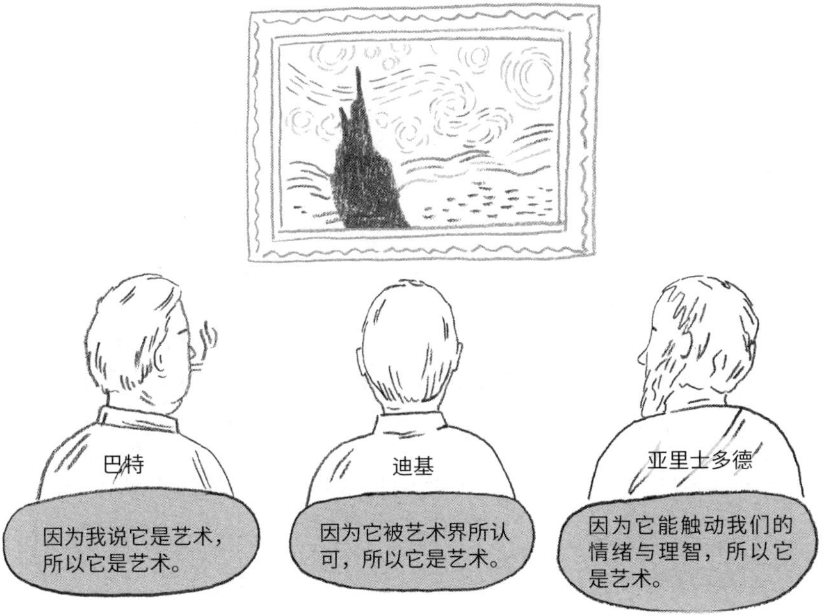

自己主动从作品中发掘出来。这与简单地问“你喜欢这个吗？”或者“它美吗？”有略微的不同，甚至与亚里士多德关于“它是否会对你产生触动”的问题也有所区别。巴特认为，不是艺术家，而是观众真正创造了一件艺术品的意义，观众的理解甚至决定了它是否是一件艺术品。

如此一来，巴特似乎给了你贬低那堆破烂的自由，如果你是这样理解的话。但是，也有其他人会质疑你是否具有做出这种判断的权利。当我们在评判一件艺术品时，不仅要忽略艺术家的意图，甚至可能还要忽略观众的反应。毕竟，他们都是主观的，更何况公众的品味总是难以捉摸——只要看看一百年前人们眼中的美与丑就能明白这一点。可是，如果艺术品的意义并不在于艺术家的有意创作，也不来自观众对它的理解，那么究竟是什么使它成为一件艺术品的呢？更重要的是，由谁来决定一件作品是否称得上是艺术？

艺术界

这个谁就是“艺术界”，至少“制度”艺术理论的倡导者**乔治·迪基**（George Dickie，1926—　）是这么认为的。他会说，只有被“艺术界”这一机构视为艺术作品的东西才能算得上是艺术作品。不过，这远非听起来那么容易。并不是任何陈列在美术馆里的东西都会变成艺术品。

为了阐述他的理论，迪基会解释说，“艺术”、“艺术家”和“艺术界”这样的术语其实有着非常具体的含义（他在制定艺术作品的标准时就对它们进行了详细的定义）。比如，“艺术家”，就是一个出于意愿创造某种东西的人；“艺术作品”，就是具有艺术性的作品。艺术作品随后将被呈现给“艺术界”，而“艺术界”则包括了在艺术理论和历史方面具备相关知识和见解的人，而这些人会将一些作品列入“艺术品”的候选名单。如果所有的“艺术界”成员，换言之，如果整个“艺术界”都同意，那么这件作品就是一件艺术品。

你或许不太能接受，但根据这个定义，这堆破烂就是一件名正言顺的艺术品，因为艺术家和专业人士都说它是。在这个问题

> 不管艺术究竟是什么，至少艺术不再是用来观看的了。我们或许可以审视艺术，但并不能观看艺术。
>
> ——阿瑟·丹托

上，你当然有权坚持自己的意见——就算哪天“艺术界”突然否定其作为艺术品的价值，这堆破烂对于你而言依旧没有丝毫改变。

抉择时刻

像许多人一样，你可能会觉得艺术应该表达某种东西，并根据它的表现效果来评判其优劣。或许你更喜欢真实的事物（就像柏拉图那样）而不是艺术表现。你也可以同意亚里士多德的观点，认为艺术在于让我们洞察世界的本质。或许你觉得这堆垃圾代表的只是一个想法，而不是一个具体的对象，正如巴特所说，作品的意义与价值由观众赋予。你还可以支持迪基，认为这些都是属于专业人士的工作。

那幅价值1 000万美元的画怎么一夜之间就成了一文不值的赝品呢？

柏拉图 ‖ 亚里士多德 ‖ 德里达 ‖ 塞尔

艺术的世界太疯狂了。上一分钟，收藏家和画廊还在竞相出价，专家们也在大肆吹嘘这幅画有多棒，可到了下一分钟，它就一文不值了。如果它一分钟前是一个好作品，为什么一分钟后就不是了呢？唯一的改变就在于：它并不是出自我们所以为的那位画家之手。就算这是赝品，我们难道就不能好好欣赏画作本身，而非那些噱头吗？

艺术圈的水很深。当一件原先被认定为大师的失传杰作的艺术品被证明是赝品时，会让许多专家颜面尽失。除了让某些人损失一大笔钱外，它还向我们揭露了那些为艺术品赋予经济价值的可疑勾当。令人惊讶的是，没有人能针对你的问题给出一个简单的答案。或者说，很少有人能够回答这样的问题，因为它挑战了我们对艺术本质的预设，以及我们评价艺术的标准。

基本哲学问题
我们如何界定一件艺术品的价值？一件艺术品的价值究竟是内在于其自身，还是取决于其作者或创作背景？

像往常一样，希腊的哲学家们率先发起了这场争论。对于“艺术”及其目的，他们众说纷纭。首当其冲的便是**柏拉图**，他对所有艺术的看法都是建立在我们如何感知和理解周围世界的基础之上的。柏拉图会让你想象一个圆。你可

这碗水果既能叫人一饱眼福也能叫人一饱口福。但这幅水果的静物画只是一个表象，它是对真实的水果的拙劣临摹，而且你还不能吃它。既然如此，为什么一幅破画远比真正的水果来得贵重呢?

以在你的脑海中想象一个完美的圆，可这种完美只存在于理念世界，你永远无法在现实世界中找到这样的圆。自然界所有的圆的东西（如太阳和月亮，或池塘的涟漪）与理念中的圆相比都是不完美的。它们只是投影，是对理念世界的那个圆的拙劣模仿。我们不妨试着画一个肥皂泡。即使你是一个杰出的艺术家，你笔下的肥皂泡也只是投影的投影。

这就是柏拉图如此不待见艺术的原因。它不过是一种对现实对象的粗糙表现，而现实对象本身又只是对那个理念领域的完美者的拙劣模仿。就价值而言，艺术品的价值肯定比它所模仿的对象要低贱。如果你给这幅水果静物画标以1 000万美元的价格，那么这碗真正的水果又该值多少钱？这可能听起来有些愚蠢，但你

艺术的目的在于自身的完善。

——柏拉图

能否解释为何一个仿制品要比实物更贵?

让我们回到赝品的问题上来吧，柏拉图继续说道。赝品是对一件真迹的模仿（而真迹本身就是对别的东西的一种再现），所以它明显不如它所模仿的东西有价值。柏拉图对艺术的评价已经相当低了，所以他自然会认为赝品的价值不如真迹。可是在艺术界的扭曲逻辑下，一幅苹果的静物画要比整个果园更值钱，以此类推，也许该赝品其实应该比真迹更值钱呢。

这真是一个有趣的观点，柏拉图的朋友**亚里士多德**说道，但前提是你接受了柏拉图的那套“艺术表象论”。在他看来，再现与表象并不是艺术的目的。我们创作一件艺术作品不仅仅是为了表现某种东西，更是为了对人们的情感和理智产生触动。所以，我们要好好看看这幅赝品是否能产生那种触动，如果它确实具备那种能力，那么我们是否就应该把它看作一件艺术品，而不是因为其他标准而贬斥它的价值?仅仅因为出处可疑而被专家否定并不意味着它不能给我们带来审美愉悦。我们也不应该因为艺术家的利欲熏心而否定对艺术作品的享受，要是连专家都长时间分辨不出它的真伪，那么这就说明它具备与真迹十分接近的审美价值。

虽然亚里士多德会用这一点来证明，仅凭一幅画不是出自大师之手这一理由就贬低其价值是虚伪或势利的，但他还是会承认，赝品总是让人觉得不自在。“赝品”这个称号不仅贬低了其作为艺术品的价值，而且还暴露了我们对于虚假事物的态度。也许这个艺术家并非旨在激起我们的共鸣，那不过是我们自己的一厢情愿罢了——如此一来，我们就有理由从其要价中减去几百万美元。

> 那些能够激起我们无限的遐思、强烈的情感以及高洁的良知的诗作与文章并不是那些死板的理论家所能妄加批驳或评判的东西。
>
> ——威廉·K.维姆萨特和门罗·C.比尔兹利

语境之中

20世纪后半叶，**雅克·德里达**（Jacques Derrida，1930—2004）等哲学家提出了一种完全不同的观点。虽然德里达的主要兴趣在于文学批评，但他也与后结构主义者们一起提出了一个巧妙的解决真实性问题的方法。他们认为作者（或者在本例中是艺术家）的写作意图并不能影响作品本身的意义和价值。德里达的名言“Il n'y a pas de hors-texte”（通常被误译为“语境之外无他物”，但更准确的表达是，“没有任何东西是外在于语境的”或“没有任何东西是独立于语境而存在的”）表明，尽管我们必须根据一件艺术作品的优点对其价值进行判断，但这根本上取决于我们所处的语境。

所以，这件赝品究竟是由谁出于什么目的而画的并不重要，我们只需观察它所处的环境即可。我们的视野必须超出作者，看看作品本身可能具有什么含义。如果这幅画被挂在一个贴着“伦勃朗”标签的画廊里，那么它此时所处的环境就不同于一个标有“赝品”的箱子。如果它受到评论家们的称赞，那么它的意义就不同于一件被艺术史学家所揭露的赝品。这些语境和环境都不是固定的，唯一不变的只有作品本身。

作品的真假，以及作品所处的环境或语境其实与作品本身无关。例如，它可以被解释为一种概念艺术——它作为赝品，是对

德里达的一个恼人的嗜好是：他总是满口荒唐言。

——约翰·塞尔

艺术界中的条条框框以及权力机制的反抗，甚至可以是对喜欢肆意估价的资本主义制度的批判。

更有可能的结果是，这件作品就像是地摊上卖的劳力士手表，它不过就是一个假货。我们被那些唯利是图的造假者牵着鼻子走，所以自然感到自己被骗了。而这种上当受骗的感觉又会降低这幅画作在我们心中的地位。**约翰·塞尔**，就像许多讲英语的哲学家一样，把德里达看作一个伪哲学家：他的论证和这幅画一样是假的，是真正的哲学论证的不完美的复制品。就像柏拉图所说的那样，一个真正的哲学家应该看出不完美的投影与完美的理念之间的区别。

抉择时刻

你可能不同意柏拉图的观点，即所有的艺术都是对现实的不完美的复制，但他能促使你思考为什么一个复制品或赝品，应该比一件真迹的价值更低。然后，你可能会得出和亚里士多德一样的结论：只要赝品达到了预期的效果，那么这是谁出于什么目的创作的并不重要——正如德里达所言。当然，你也可以像塞尔一样，认为德里达的论点中充满了诡辩的味道。

我喜欢的明星传出负面新闻，我是否应该脱粉？

康德 ‖ 叔本华 ‖ 比尔兹利 ‖ 维姆萨特

你的偶像竟然家暴，这对你简直是个晴天霹雳。先前你对他的一切崇拜现在都变成了怀疑。他曾是你最喜欢的歌手，但是鉴于他的所作所为，你再也无法像以前那样享受他的歌声了。他的丑闻也许并不应该影响你对他歌曲的评价，但你毕竟不能对之视若无睹。不管怎样，你可能认为他不再值得你追求了，但是如果因此就把和他相关的所有专辑都扔掉，是不是有些得不偿失呢？

当你对某人的幻想破灭时，你很容易会不知所措。你的第一直觉是：马上与他断绝一切联系。可如果他也做了一些令你钦佩的事，你就要将之与他所犯下的错误进行权衡，并决定他的恶行能否掩盖其成就。接下来，你就要考虑自己究竟该怎么做。

如果这个人是一位艺术家，比如你喜欢的那个歌手，那么你的困境就有两个方面：一是他的不良行为是否会影响你对他的歌曲的审美判断；二是如果你对他的罪行视而不见，并继续欣赏他的音乐，是否会构成道德问题。道德问题似乎确实比审美问题更为严重一些，所以让我们先来处理它吧。还有谁比**康德**更能擅长解决这类问题呢？康德对待道德的严谨程度是传说级别的，他在道德问题上的立场也十分明确。

基本哲学问题

我们的审美判断应当取决于作品本身还是取决于艺术家？我们能否将作品本身的意义与艺术家的创作目的区分开来？

你不仅要从歌单里删去那些带有明显性暗示的歌曲，此外，你还要考虑这些歌手的人品问题。自古以来，那些伟大音乐的作者多多少少都有一些品性上的问题。瓦格纳是反犹主义者，杰苏阿尔多是谋杀犯，刘易斯犯了重婚罪，而格利特则因性骚扰未成年人而入狱

康德会直截了当地问你是否会谴责那个歌手的行为。答案是显而易见的：你当然会对其嗤之以鼻。接下来，他会问，你如果事先知道那个歌手有暴力倾向且厌恶女性，那是否还会买他的音乐作品呢？很可能不会，因为这是在变相纵容，或者至少是在淡化他的恶行。由此看来，你认为买一个家暴者的专辑在道德上是错误的。如果你认为该行为在那种情况下是错误的，康德接着说道，那么它在任何情况下都是错误的。至少，你不应该再买他的专辑了，你或许应该考虑全面抵制他的任何作品。

一个长相俊美的人未必就是杰出的雕刻家，而杰出的雕刻家自己也未必长相俊美。

——阿图尔·叔本华

无论如何，康德会补充说，这位歌手已经被揭露为一个令人不快的罪犯。他那败坏的道德必然会反映在他的音乐中，因为艺术是个人品质的表现。之前他还没有原形毕露，所以你可能不了解他的为人，但现在你可以根据他的品性重新评价他的作品，然后一键删除。

人无完人

可是，康德那种毫不留情的道德观并不适用于每一个人。就连**叔本华**（他十分崇敬康德）也觉得难以忍受。或许这是因为叔本华自己就过着混乱的私生活，与康德那种节制的生活有天壤之别。因此，叔本华会建议你把作品与作者分开看待。就个人而言，他会告诉你，他自己经常被指责为“说一套做一套”，毕竟，叔本华并没有严格地在实际生活中贯彻他的道德哲学标准。叔本华一边承认自己不是什么圣人，另一边又在他的哲学著作中提出一个又一个道德准则。尽管恪守原则、严以律己对叔本华而言简直比登天还难（康德可能不这么认为），但这并不意味着他的道德哲学就是错误的。

叔本华认为，人无完人，这一点放之四海而皆准。例如，即便一个政客深陷性丑闻，或者被曝光在访谈时讲荤段子，那这也丝毫不影响他刚刚签署的贸易协议。当然，如果他被揭发犯有税务欺诈罪或者根本不称职，那就另当别论了——这会直接关系到他是否配得上这个职位。

同样，我们应该把艺术家和他的艺术作品区分开。贝多芬是一个以自我为中心且好抱怨的家伙，他欺骗了他的出版商，却创作了《欢乐颂》；而作曲家瓦格纳（他谱写了催人泪下的《特里斯

> 作者的构思与创作意图并不能成为我们判断一件（文学）作品是否成功的标准。
>
> ——威廉·K.维姆萨特和门罗·C.比尔兹利

坦与伊索尔德》）则是一个狂热的反犹主义者。乍一看，你会发现许多伟大的艺术家都非常自以为是，而且他们的私生活往往相当混乱。你最喜欢的歌手的骇人听闻的行为并不能否定他在舞台上或录音室里取得的成就，但如果他被曝光抄袭，或是剽窃别人的歌曲，那你确实应该重新审视自己对其作品的态度了。

艺术……

叔本华认为你应该关注的是这首歌本身，而不是歌手，这一观点会得到**门罗·C.比尔兹利**（Monroe C. Beardsley，1915—1985）的赞同，但他会更进一步。比尔兹利在与文学评论家**威廉·K.维姆萨特**（William K. Wimsatt，1907—1975）的合著作品中强烈指出，我们不能仅凭艺术家就断定艺术品的优劣。他说，我们不可能知道一个艺术家在创作时的想法、感受甚至是意图，所以我们不能以此来解读他的作品。无论艺术家被曝出怎样的丑闻，都应该与对其作品的理性客观评价无关。即使艺术家对自己的作品有所评论，或者在书信或日记中提及这些作品，我们也不应该被这些东西所误导。不管他的私生活是有多么不堪，都不应该使其为我们的判断蒙上阴影。

> 如果世界上没有恶，那么艺术也将不复存在。
>
> ——阿尔贝·加缪

……还是艺术家？

但这里还有另一个问题：也许你欣赏的是歌手，而不是歌曲。你可能是因为这个歌手才喜欢上这首歌的，而你之所以被他吸引也许是因为他的名气、他的生活方式或态度。这也难怪你得知了他的丑闻后会如此低落。然而，这并不意味着你完全不欣赏歌曲本身。在你得知真相以前，你也确实被这些歌曲所打动。比尔兹利认为，这只能说明一点：当我们试图评估一件艺术作品的重要性时，情感是多么的不可靠。有各种各样的因素影响着我们对一件艺术作品的感受，歌曲更是如此。我们难免会受一些外在因素影响：例如这首歌可能与当下潮流或某些社会团体有某种联系，又或者这首歌总能唤起你沉浸于其中的那个情景（特别是当你情绪激动的时候），这首歌也可能与你有一种内在的关联。但这一切都与歌曲本身无关，所以不应该被用来作为支持歌曲本身艺术价值的依据。

不过，这倒可以为你从播放列表中删除所有与他相关的歌曲提供充分理由。如

果你带着对歌手的厌恶去欣赏这些歌曲，那它们肯定就不那么悦耳动听了。但你如果将这些无关紧要的因素抛诸脑后并只关注音乐的本质，那么就可能又要面对道德上的问题。听这个歌手的歌曲就等于纵容他的恶行吗？这就要由你自己决定了。

抉择时刻

你的第一反应可能是出于道德的考虑完全抵制这位歌手。这就是康德的立场。但叔本华会争辩说，这是一个审美问题，而不是道德问题：艺术家的品性与其作品无关，你不能指望艺术家们都是圣人。如果对此表示认同，那么你也可能会支持比尔兹利和维姆萨特的观点，即我们应该评判艺术，而不是艺术家。

阿图尔·叔本华
一个长相俊美的人未必就是杰出的雕刻家，而杰出的雕刻家自己也未必长相俊美。

第五章：政治

我受够了别人对我指手画脚

休谟 ‖ 苏格拉底 ‖ 尼采 ‖ 福柯

自小时候起，就总有人在规定我们的行为。家长、老师还有当地的牧师——他们告诉我们该做什么、不该做什么，以及如何区分好坏、辨别是非。现在，你一定认为自己已经不再需要他人的管教了吧？可就算你已长大成人，它们依旧伴随着你。每次你打开电视，看报纸，甚至和你的朋友聊天时，总会有人向你炫耀自己渊博的知识，并告诉你什么才是对的。

鉴于你已经受够了别人的指指点点，在这个问题上求教于他人就显得有些奇怪了。而且，你的目的似乎不仅仅在于发泄一下自己愤怒的情绪，或是求得他人的认同。比起这些来，你更想得到一些建设性的意见，而不是生硬的教条。

好吧，你来对地方了，因为哲学家们尽管总是很有主见，但除非能为自己的观点找到合适的论据，否则他们便不会将观点同别人分享。比起直接扔给你一个答案，哲学家们更看重我们得出结论的过程以及切入问题的方式。

基本哲学问题

道德规范是否具有其合理性？我们能否脱离宗教来谈论道德？

不管怎样，让我们先听听你的抱怨。其实你想说的是，你受够了那些自以为是还对你说三道四的家伙。他们当然可以给出自己的意见，但你也不必全盘接受。如果他们能用合理的论据来支撑自己的观点，从而让你相信他们是对的（或者你错了），那倒也无可厚非。但问题恰恰在于，

虔敬的人是因其虔敬而为神所爱，还是因其为神所爱才是虔敬的？

——苏格拉底，引自柏拉图的《游叙弗伦》

他们总喜欢使用“必须”、“应当”或“应该”这样的字眼，这就意味着，他们只是在提出自己的价值观和意见，而没有进行理性的推导。简而言之，他们无非是在表达自己的好恶与是非，并暗示你也该如此。

这在**休谟**那里是行不通的，毕竟，谁能为从“是”到“应当”的转变提供合理性呢？从事物的“是”如何到它们的“应当”如何（从一个描述性的陈述到一个规定性的陈述）是一个巨大的跨越。这一跨越并不是理性的、合乎逻辑的，它只是一个价值判断，而不是基于事实的考察结果。你根本无法从“是”中得出“应当”这一结论。

“是”和“应当”

休谟会让你提防那些成天谈论道德或政治的人，因为他们总能悄无声息地将我们从对事实的描述带

宗教的拥护者给出的一个理由是：宗教为我们的道德提供了原始的框架。无神论者会反驳说："难道没有宗教信仰，人就是不道德的吗?"

向某种规定。前一分钟他们说事实是这样，下一分钟他们又说事情应该如何如何。别被愚弄了。用"休谟的断头台"这把想象中的利刃把现实世界从价值的世界中切割出来，这样，你就可以明辨他们什么时候言之有理，而什么时候又在混淆是非。

那些人想要我们接受下来的论断，比如道德观念或政治立场，几乎总是需要经历从描述到规定的转变。既然只有事实与理性的论证才是可靠的，我们就没有必要去接受那些价值观。这些价值观到底是什么呢？它们不过是一些意见，或者说是人们有感而发得出的结论；说到底，休谟认为一切道德都源自"激情"，而不是事实或理性。所以当有人说某物应当是什么样的时候，他们的言下之意其实是：这样对他们而言很好。"你应该做"意味着“这对他而言很好”，“你不应该做”则意味着“这对他而言不好”。

就像那些成天演说的政客一样，这些人也希望自己的观点得到认可。“我们应该以充分就业为目标”，只不过是“我认为充分就业是一件好事”的另一种说法，他们这么说，就是为了博得满堂喝彩。这一说法的简洁版本是“充分就业万岁！”或者“失业滚蛋！”这显然是一种不太理性的表达方式，无异于说，“我喜欢菠菜”（菠菜万岁！），“所以你也应该喜欢菠菜！”

当然，那些试图说服你相信他们道德观念的人肯定会对此提出异议。好和坏，对与错，这些不只是意见的问题，还伴随着某种权力。宗教就是许多“应当”和“不应当”的源头，在宗教的语境下，人不可能高于上帝。之所以人们围绕着宗教的必要性争论不休，正是因为宗教决定了我们最初的道德观念。

但是**苏格拉底**敢于挑战这个观点。苏格拉底不会简单地说它是错的，而是以他一贯的方式质疑这个论点的前提：神喜爱好的事物。那么，之所以神喜爱好的事物，是因为它们“好”吗？还是说，好的事物是因为蒙神喜爱才是好的？换句话说，“好”是由神所决定的吗？如果是，我们的善举只是对既定规则的盲目服从。既然这些规则的唯一正当性来自神的认可，那么神就可能会命令我们做各种可疑的事情。但是如果事物因自身之好而为神所喜爱，那么这些事物的好就与神的旨意无关，如此一来，我们就可以不必借助于神。

我们如果在道德问题上不必听凭神的旨意，那么也就有理由质疑牧师、教师、政客乃至任何人的权威。他们嘴上说这么做是正确的，但其实你只要稍加反思就能看出，他们的意图与正确性毫不相关。我们如果把他们的话当成圣旨，那么就犯了大错：在没有任何证据的情况下就盲目听从他人。总之，苏格拉底强烈建议你对于道德上的是非做出自己的判断。

奴隶和主人

“自己决断”，这是非常**尼采**式的回答。尼采从小就生活在一个十分虔敬的家庭，并处处遵循他父亲所信仰的路德新教的严苛道德标准。尼采年轻时经历了一次信仰危机，当他发现“上帝已死”时，他便认识到我们几乎所有的道德观念都来自宗教，没有宗教，我们就可以自由地制定自己的道德准则。

不幸的是，大多数人无法摆脱他们与生俱来的道德观，更无法摆脱重复那些陈词滥调的坏习惯。即使在世俗社会，宗教道德的影响依然普遍存在——宗教通过向我们施加恐惧感与罪恶感，防止我们自主思考善恶对错。

更糟糕的是，尼采会补充说，那些被宗教（如今政府取代了教会）强加给我们的道德，其实并不是来自上帝，而是来自宗教领袖，他们的目的就是让像你这样的普通人服从他们。他们告诉你，懦弱、老实甚至贫穷都是“好的”（贫穷万岁！）品质，这样一来，社会的领导者就能控制住这些服帖的民众。茫然听信他人所捏造的规范，便是尼采所说的“奴隶道德”，这种人永远背对真

道德是人的动物本能。

——弗里德里希·尼采

相，活在虚假的神话之中。在尼采看来，这世上总不乏有人来为你制定各种规则，但你可以选择充耳不闻，走自己的路。

不过，**米歇尔·福柯**认为问题并没有那么简单。统治阶级不仅仅是为了保住权力才强加给我们一套道德体系，他们的用心比这更为险恶。我们身边的权威人士，譬如家长、教师、宗教领袖和政治家往往通过一套赏罚制度将他们的道德准则强加给我们，进而施展他们的权力。可这些权威人士又是受什么准则控制的呢？我们之所以按照他们的规定行事，究竟是出于对惩罚的恐惧，还是出于对奖励的渴望？

不，福柯说，我们的社会中充满了权力关系，并不限于统治者与臣民之间。我们真正具有的不是道德，而是文化和社会规范，并且，社会上的每个人都在通过自己的行为不断强化这些规范。统治者其实并不需要明确地告诉我们究竟该怎么想，因为日常生活中我们已经被这些规范与价值潜移默化地影响了。

一旦一种特定的行为或思想成为规范，那么，它一定是一件“好”的事情，任何偏离这一规范的行为都是错误的。你不必知道自己究竟该想些什么，因为任何“离经叛道”的想法都是禁忌，都是“不被允许的”。即使是施行专制的统治者，与其说他们是把自己的思想强加给他人，不如说他们的权力来自普遍的道德标准；他们是结果，而不是原因。如果他们将同性恋定为一种应受惩罚的罪行，那么这只是反映了该社会的一种禁忌，因为对于该社会的大多数公民来说，同性恋是不可接受的。这些观念深深地扎根于那个社会的思想中，而社会中的人很难不受其影响，在这个意义上，统治者根本无须施加压力。

如果你觉得别人总是对你指手画脚，那么福柯会说，你真幸运！因为大多数人甚至不知道他们的思想和行为是被操纵的，更不用说那个幕后主使是谁了。所以不要生气，要积极。你显然有独立思考的能力，不妨用它来挑战那些既定的成见。

抉择时刻

你如果对那些总是对你指指点点的人表示怀疑，那么就会找到休谟这样一个坚定的盟友。他认为，说事情是如何是一回事，说事情应该如何又是另一回事。如果你想要抨击那些借助宗教权威来对你进行规定的人，那么苏格拉底会为你提供大力的支持。你如果认为人应当自己辨别是非善恶的话，就只需要看看尼采和福柯就够了。

总统选谁真的有差别吗？

柏拉图 ‖ 亚里士多德 ‖ 霍布斯 ‖ 卢梭

又到了美国大选季，那些关于选举人与政党的资料纷纷扑面而来。你怎么才能看出谁才是这一职位的最佳人选呢？他们每个人对自己打算推行的政策都振振有词——从他们将如何整顿经济，到国防问题，再到社会保障。你很想选出一个能安邦治国的人，或者至少选出一个能保障国民利益的人。可放眼望去，这些政客都是一副德行：他们用尽花言巧语来让自己当选，但其实他们只顾及自身（党派）的得失。

当今世界上的大多数国家采用的都是民主选举制，即按照该国大多数成年公民的意向来选出国家领导人。因此，选举权也普遍被视作人的基本权利。然而事实并不尽如人意，选举权总是需要我们去拼命挣取。投出的选票上承载着你作为国民的责任，但选举本身并不是一件容易的事。

基本哲学问题

在社会契约中，我们应当将权力让渡给怎样的政府呢？

西方民主制可以追溯到古代雅典。公元前510年，雅典公民推翻了当时的暴君，并出人意料地决定，

> 专制君主（不管他是君主还是其他什么）之所以被赋予这样的权力，乃是出于保障国民安全的需要。
>
> ——托马斯·霍布斯

此后雅典要由公民自己来选择如何被治理。**柏拉图**将其视为建立一个理性城邦（而非世袭城邦）的良机，并将他的观点写进了《理想国》这部书中。虽然柏拉图反对暴政，但是这并不意味着他会支持民主制。在柏拉图看来，好的政府应当让公民们过上“好的生活”。可问题在于，只有像柏拉图这样的哲学家才知晓德性对于好生活的重要意义。因此，城邦需要“哲人王”来治理。这听起来有些自夸的意味，但柏拉图并非没有他的道理：当我们选举统治者时，我们必须考虑到他是否具备相应的知识。

谁是获益者?

亚里士多德则会提出两个简单的小问题：由谁治理？出于谁的利益？一个好的政府会将公民整体视作自己的利益，而那些仅为统治者利益服务的政府便是败坏的。亚里士多德比较了以下三种政体：由一个人治理（其理想形态是君主制，而败坏的形态则是暴君统治）、由一小部分人治理（其理想形态是贵族制，败坏形态则是寡头制）或是由公民统治（其理想形态是一个建立在普遍利益之上的立宪政府，而败坏形态则是人人只在乎自己利益的民主制）。“出于谁的利益”这个问题切中了要害，或许能帮你理清思绪。选举这件事并不只是给某个参选人安排一个职位那么简单，它还关系到整个社会以及你个人的利益。

话又说回来，政府究竟是为了什么而存在的呢？希腊人那套德性论似乎显得有些教条。英国人**霍布斯**大胆地设想了这样一种没有法度的状态：在自然状态下，人们的生活充满了“孤独、贫穷、肮脏、野蛮与匮乏”，那时人与人总是处于交战之中。因此，人与政府制定了“社会契约”来结束那种混乱的状态，即人人都

政治立场表（以及各个政治家/思想家在其中所处的位置）

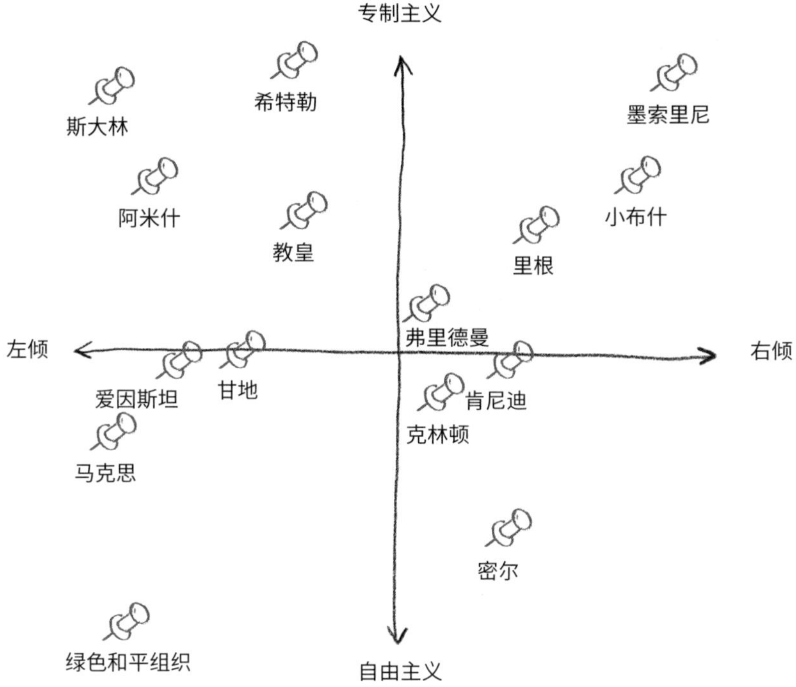

交出一部分自由来保障社会的稳定与和谐。霍布斯极力支持专制君主，以避免我们复返到那种野蛮的自然状态。但是其他人，比如**卢梭**，则视社会契约为一种恶——一种对我们自然天性的荼毒。卢梭想要把主权交还给人民，这样一来政府便是出于“公意”的，而非某些人的专权。基于上述不同的关于人民与政府关系的见解，一系列政治观念应运而生。其中尤为关键的问题便是：政府应当在多大程度上干预我们的社会与经济层面的自由。你的选票取决于你在这个问题上所持有的立场。你是支持自由主义还是专制主义？或者这么说，你是想要多一些的人身自由，还是准备为了社会利益割舍一部分自由？

因为社会契约，人便丧失了其天赋自由以及通过自身努力取得成就的无限权利；因为社会契约，人便获得了公民意义上的自由以及财产权。

——让-雅克·卢梭

你会选具有资本主义还是社会主义倾向的参选人？经济上的自由是否比平等更为重要？究竟哪一种政体有利于你个人，哪一种政体有利于全社会呢？

抉择时刻

你要决定国家的领导人，这个人同时也代表了你的立场。因此，你可能会认同柏拉图，认为这个人应当具备治理的知识。但你或许也想知道他是在受什么样的利益驱使——这便是亚里士多德的观点。那么，你会与霍布斯一起支持专制君主，还是同卢梭一道追求还权于民的民主理想呢？

柏拉图

为何政客总是答非所问？

康德 ‖ 马基雅维里 ‖ 苏格拉底 ‖ 休谟

如果你向一位政客询问时间，那么他并不会告诉你现在几点，相反，他会解释现今钟表产业中存在的问题，或者向你透露他的政敌的手表总是慢半拍。有时，你也能碰见会好好给你报时的政客，但不久之后，她也开始尽扯一些模棱两可的东西。如今电视上的访谈和辩论的作秀气息越发浓重，而游戏的胜利者就是那些能巧妙回避一切问题的人。可是他们这种兜圈子式说话方式并不能叫人信服，更不用说托付给他们治国重任了。那么，他们这么做的理由是什么呢？

这确实是一个难题，因为在哲学家那里你也同样很难得到一个直截了当的回答。就像那些政客一样，不同的哲学家对于特定问题的看法也都不尽相同。可既然你都已经这么问了，那么对你这一问题最直接的回应非**康德**莫属——这着实有点出乎意料，因为康德通常是以其晦涩难懂的文风著称的。话虽如此，他还是会站出来谴责政客们玩弄言辞的行为。因为在康德那里，说谎永远是毫无正当性的。这也就意味着，不仅直接说谎是不对的，而且试图向民众掩盖问题的做法也并非善事——而这对政客们来说可是家常便饭：他们通过模棱两可的“事实”与“数据”迷惑民众，并借助无关紧要的回答来回避正面的提问。

基本哲学问题

面对质疑，政府应该总是实话实说吗？

政客们的目的并不是关键。他

们都声称自己说的是真相，还指责他们的政敌有所隐瞒。既然如此，他们就有义务告诉你真相，而非顾左右而言他。我们有权如此要求他们，并以此来对他们自身、他们推行的政策及其执政能力做出明智的评价。要是他们不能践行上述要求，就别选他们，因为这样的人不可信。

知情的需要

正如你所想的，**马基雅维里**并不赞同康德的观点。虽说同为哲学家，马基雅维里的政治生活却要丰富得多：他担任过外交官和政治顾问，因此，受政客式视角的影响，马基雅维里对此问题的看法会更实际一些。他会告诉你，政客们的吹嘘与回避其实都是精心设计好的，而马基雅维里本人也建议政客们去这么做。为何？因为不能为公众所知的秘密实在是太多了。模棱两可的言辞（马基雅维里本人精熟于此）能够掩盖政客们自身能力的不足，从而让你们对于实情一无所知（有时实情或许比政客们的谎言来得更糟）。

尽管如此，政客们也并非只是单纯地想要愚弄民众。尽管胸怀济世之志，但是再善良的政客也不能一直顾及民众的呼声，尤其是当他们不得不做出艰难抉择的时候。在这种情况下，让民众了解真相只会造成恐慌，政客们也会因此失去民众的信任而不能再被委以要职。民可使由之，不可使知之。这样一来，政客们也

当一个人说谎的时候，他就已经败坏了人之为人的尊严。

——伊曼纽尔·康德

就能为之后政策的调整和时局的变化留下余地。

如果你逼问马基雅维里群众该如何应对政客们的语言游戏的话，他也确实会给你一些建议。首先，你得对马基雅维里给政客们出的那些花招了如指掌。若是政客们含糊其词，你也就姑且睁只眼闭只眼。此外，你还得特别留心那些指责其政敌玩弄辞藻而又自称直言不讳的家伙，因为，这种人只不过是在逢迎群众的喜好罢了——他所说的就算不是彻头彻尾的谎言，也肯定不是十足的真话。

在**苏格拉底**眼中，那些自以为是的政客也不过如此。总之，苏格拉底并没有功夫去理会他们，但这并不是因为那些政客说话总是拐弯抹角。相反，在苏格拉底看来，那些政客总是声称自己达到了绝对的真理，而事实却是：他们恰恰不能切中问题的要害。他认为，一个坏的政客会用躲闪的言辞来遮掩自己的无知，而好的政客则会承认自己并不具备相应的知识。那些好的政客会借助苏格拉底的方法挑战他人的观念并围绕着关键问题展开一系列追问，但这并不是为了避免直接回答对方的问题，恰恰相反，这一系列的提问是在暴露对方论点中的矛盾，而这一切都旨在达到真理。当然，这里也存在着这样一个问题：不停地向对手提问或是找出对方逻辑中的漏洞并不能为你赢得选票和民心——苏格拉底本人就在这点上吃了大亏。群众想要的是具体的方案和直白的真理，而非前赴后继的问题。

那么问题又来了：真理并不总是直白明了的。**休谟**会说，真理与谬误并不总是如黑与白那般分明。休谟尽管并没有直接站在那些善变的政客一边，但确实解释了政客们总是看起来含糊其词的原因。休谟认为，世界上存在着不同种类的真理。有一些陈述

一个智慧的人能使自己的信念与实际相称。
——大卫·休谟

无须证明便为真，它们就是所谓“理证性的陈述”(demonstrative statements)，譬如经典的2+2=4。这则算式对我们而言是自明的(self-evident)，仅仅是想到它我们就能认定其为真。更何况，我们甚至会认为2+2不等于4的时候在逻辑上是矛盾的，所以2+2=4毫无疑问是真理。要是政治也像算数这么简单明了该有多好啊。

然而现实总是复杂的，接下来休谟就将解释这背后的原因。在“理证性的陈述”之外，还有“可能性的陈述”(probable statements)，对于这一类陈述，我们并不能单凭对其进行的设想就断定其真假，相反，我们需要到现实世界中寻找证据。举个例子，假如你的朋友说他口袋里有两美元，那么，除非你真的朝他口袋里看一眼，否则你并不能判断他刚才那句话的真假。2+2=4是理

触及真理

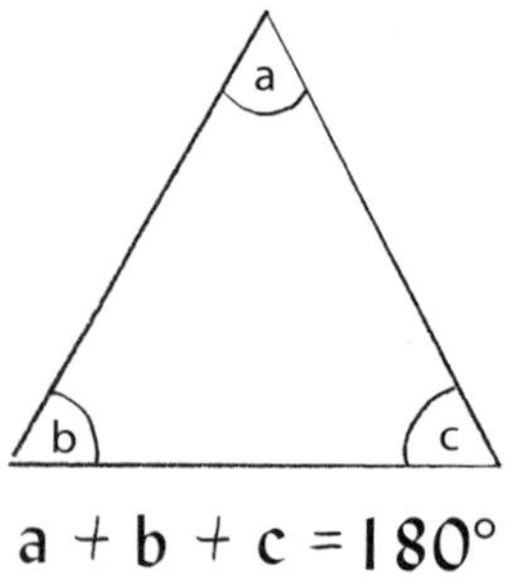

“三角形各内角之和为180度”是一个必然真理，也就是说，它是我们通过理智思考获得的。但是，“我的小猪钱罐里有10美元”这个事实，只能通过砸碎小猪钱罐并清点里面的钱得到证实，所以它是一个偶然真理——必须通过实际检验才能确证

证性陈述，它关乎我们的理智或逻辑，而你朋友的口袋里有两美元是一个可能性陈述，它关乎实际的情况。说白了，休谟会将2+2=4解释为“必然真理”（necessary truth），因为其中并不存在逻辑矛盾；但是我们可以否认你朋友的口袋里有两美元而不去考虑任何逻辑矛盾，因为这是一个“偶然真理”（contingent truth），它取决于真实发生的情况，也就是事实。

没有简单的答案

可是，当我们走出抽象的数理逻辑的世界，就会发现只有极少的必然真理或理智真理。政治关乎偶然真理，也就是说，政客们的言论（与休谟口中的可能性陈述并无差别）奠基在我们所能获取的事实证据之上。虽然一些言论能够被有效证实，比如现在的国债是X美元，但是还有着更多不为人知的灰色地带，比如政客们声称国债五年之内即可还清。当我们面对可能性陈述的时候，问题就已经不单单关乎真与假，而在于：我们究竟能在多大程度的可能性上单凭现有的证据判定该陈述为真？

这也难怪政客们总是在避免向群众做出任何保证。分析到了这一步，结合我们对政客们的实际了解，或许可以得出这样的结论：政客们拐弯抹角的作风可能与哲学家不爱给出直接回答有着共同的原因，即无论你认为问题有多么简单，都几乎不可能得出便捷的解决方案。

抉择时刻

你或许会认同康德，认为政客们应该说出真相，并且是全部的真相，除真相外无他。或许你还想斟酌一下马基雅维里的那种更为实际的立场，认为政客们并不总是刻意地想隐瞒真相，他们这么做也是出于大局意识。你也可以像苏格拉底那样认为好的政客并不是在逃避责问，而是在接近真理。当然，你还可以赞同休谟，认为真理是个难以说明白的东西。

我想好好做一门生意，但是那些商业规则、官僚主义和税收让我不堪重负

斯密 ‖ 休谟 ‖ 马克思

现在想要办点事情简直比登天还难。政府总是能用各种手段来干预人们生产商品、创造财富以及提供就业机会。遵守一切规则简直如同噩梦。那些繁文缛节占用了我们大量的时间和精力，以至于我们无暇照顾自己的事业。更何况，那些健康和安全条例、消费者保护法和最低工资要求又意味着一笔不菲的开支。我们辛辛苦苦做生意究竟是为了什么呢？放我们一条生路吧。

听上去你似乎很怀念以前的好日子，那时候，企业的发展完全不受约束——它们尽可以制造商品、赚取钱财而丝毫不受政府的干涉。可是，你所说的这个“黄金时代”真的存在过吗？要是我们注意到，现代工业与资本主义市场经济恰恰是在现代政府体系建成后发展起来的话，上述情形似乎就不再那么可信了。不管一个政体如何表明自己的自由立场，其根本的存在意义还是在于立法，因此，政府注定会出于国家利益考量而对商业活动进行一定程度上的管控。

不过，这种管控是否合理还有很大的讨论空间，而**亚当·斯密**通常被认为是这方面的权威。尽管他并非严格意义上“市场经济”概念的构筑者，但他是率先解析其运作原理的人之一，同时，

> 不论立法机构如何想调和雇主与雇工间的差异，受惠的永远是雇主。
>
> ——亚当·斯密

一则政治格言说得好，“你得把每个人都当成无赖”。

——大卫·休谟

斯密也意识到了该经济体制的优点与弊病。斯密的观点对你而言或许是喜闻乐见的，因为斯密有充分的理由证明自由的商业运作大有裨益。斯密认为，自由市场中的竞争能够促进生产，也能决定物价。总而言之，这是一个供求关系的问题，从长远来看，只要供求能够达到平衡，消费者就能以实惠的价格购得产品，同时生产商也能从产品中获得可观的收益。因此，政府的不干涉是必要的，也是值得欲求的。

如果让政府全然放任商业活动不太可行，那么斯密觉得，至少也要让政府的干预降到最低。在理想的世界里，企业是可以信任的：它们生产的都是良心商品，同时对待顾客也不失公道。可是我们现在所生活的世界毕竟是不完美的——就连斯密也不得不承认这一点。因此，我们必须颁布法律来阻止那些黑心商家。不过，这种约束并不是对自由市场本身的限制，恰恰相反，上述规

定旨在令市场如其所是地运转。举个例子，假如有一种商品只由一个特定的商家生产的话，就无法构成竞争，而顾客们也就成了待宰的羔羊——商家可以肆无忌惮地抬价。因此，必须通过法律阻止这种垄断的发生。此外，我们还要避免商家们以类似的方式串通一气操纵市场价格与产品供应。然而，真正的商业交易中从来就没有明文规定不许使用内幕交易、欺诈、作弊等特殊手段，至于贩售假货和危险品就更不必说了。

不完美的体系

这样一来，斯密也就不得不承认市场经济的体制并不完美。由于处处都有投机取巧者，所以我们只能借助法律的强力约束。同时，斯密也必须承认，给予商业完全的自由不仅会扭曲买卖关系，甚至还可能造成对劳动力的剥削。斯密并非没有意识到惨绝人寰的奴隶劳工与童工的存在，他也并非不知道许多人的拼命劳动只换来那一点微薄的薪资，所以斯密不会反对政府出于改善劳动环境目的的商业干预。

问题的关键在于，斯密说，尽管适度的政府干预必不可少，但这应当仅限于维护商业在市场体系中安稳地运行，而且政府不可以过于严苛，否则就会对创业和创新造成负面影响。总而言之，政府尽可以为了维护人们的权益打击不良商家，但是大体上还是应该管好自己的分内之事，即照顾好国家与公民的利益。

基本哲学问题

政府有多大的权力干涉私人的商业经营呢？政府是否有责任保护消费者与被雇佣者？企业应该是公有还是私有呢？

说到这儿，斯密的好朋友**休谟**兴致勃勃地加入了我们的讨论之中。他十分认同斯密对商业自治权的维护，但是休谟也指出，有些东西是市场经济不能提供给我们的，比如路灯。精明的企业家肯定不会大张旗鼓地售卖路灯，毕竟，谁愿意无缘无故地花大价钱去给别人行方便呢？路灯这样的设施属于公共财产，因此就应当由政府自掏腰包。并且，公共建设也是政府的职责所在。然而，政府为了筹款进行公共建设就必须征税。同样的道理也适用于国家的武装部队和公安机关：他们的存在是为了保护国民的安全，所以我们每个人都应该分摊一些雇用他们所需的费用。此外，为国家的那些基础设施（诸如铁路、电力、水厂，乃至教育、医保和社会福利）筹集资金也是大有裨益的。既然商业从这些基础设施中受益最多，那么那些商贾就该缴纳相应份额的税金。令人遗憾的是，这就意味着政府必须对商业采取一些强硬手段——尽管这极有可能被视为政府对商业的干预。

完全正确，斯密回应道，纵然自由经济不免在现实中受挫，但这条原则毕竟成立。因此我们才需要对企业进行法律约束和征税。我们颁布这些严苛的条令毕竟是无奈之举，休谟接着说道，因为我们不得不直面市场经济中存在的问题，而且还尤其要提防那些精明者的多端诡计。虽然看起来有点小题大做，但宁可信其有，不可信其无。讽刺的是，在苛政的重压下，最大的受气包往往是小商小贩，而那些巨型企业总是能够设法与法律周旋并逃避税收。

过程本身的复杂性，呈现出同样多的造成过程失常的原因。

——卡尔·马克思

> 最好的政府就是管得最少的政府。
>
> ——亨利·戴维·梭罗

国家调控

在斯密和休谟看来，你要是想做生意，就必须忍受一些来自外界的干预。但是**马克思**认为你的遭遇恰恰反映了这种经济体制无可救药的腐败。像斯密一样，马克思也曾花了大量的时间精力研究和分析市场经济的运作模式。马克思尽管认可市场经济能够创造财富、鼓励创新，但是也深深质疑该经济体制的正当性。马克思认为，若是一种经济体制以其毫无自由可言的繁荣为傲，那么就必须要让强有力的干预使其恢复正常乃至公平运作，而不是对其修修补补，任其苟延残喘。为何不干脆让政府全权接管呢？只要将商业交由国家管控，并将生产资料交到人民手中，那么我们就根本没有必要立法来保障公平交易和抵制剥削了。如此一来，你根本就没有必要为经营艰难而发愁了，但是相应地，你所提供的服务与产品就不再使你一个人受益，而是整个社会。

抉择时刻

以创业者的身份来看，那些条条框框不仅限制了你的经营，而且根本就毫无必要性。斯密在很大程度上会赞同你的观点，认为法律规定会对自由市场构成障碍。但你或许也会像斯密那样，承认自由市场并非毫无缺陷。你甚至可能会同意休谟的看法，觉得出于公共利益的考虑，政府的干预必不可少。你或许能够被马克思说服，认为资本主义从本质上就存在缺陷，从而进行彻底的变革。在你们看来，工业与贸易应当服务于整个社会：它们应当被握在人民手中。

我应该相信专家吗?

孔子 ‖ 马基雅维里 ‖ 休谟

在一些政客看来，要是我们不采取他们的政策，这个国家就会每况愈下，而他们的政敌又总是能给出反对的证据。经济学家们总是宣称他们能够预测不同政策对于未来市场的影响，讽刺的是，他们并没有成功预见全球经济危机的来袭。现在，几乎每一位科学家都表示化石燃料导致了气候的变化，然而政客与经济学家又一口咬定他们在胡扯。我们究竟该相信谁呢?

可悲的是，政客们总是社会中最不受信任的群体之一，其地位仅次于房产经销商和推销员，而政客们自己也并非没有自知之明。因此，为了让自己的发言与许诺得到选民们的信服，他们会引用专业人士的看法与结论，这些“专业人士”涵盖了经济学家、科学家、学者和商界人士，有趣的是，唯独不包括哲学家。政客们多半借助这些专业人士的见解来论证选民将会如何获益于他们的政策，或者论证他们政敌颁布的方案是有多不靠谱。

所以，预测未来成了那些专业人士的一桩生意。麻烦在于，“预测”这两个字听上

去总是不那么可信。但这其中或许有我们自己的偏见。比如，气象预报员在一年中的364天都准确预测了天气。而我们却唯独记住了她没有预报龙卷风的那天，并调侃天气预报与路边算卦没什么区别。烂泥沾身洗不清，在我们眼里，政客们的许诺就像天气预报一样叫人怀疑。

基本哲学问题

人究竟能否准确地预知未来？事物间看似具有的因果联系能否得到理性的证明？

确实如此，**孔子**说。要是想知道一个人是否值得信任，那就不应该将重点放在他所引用的证据之上。相反，我们应该关注说话者本身。孔子会说，“君子”，也就是出言有信的人，总是会列举具体的事实作为例证，而非大放厥词。当我们评价政客、专家还是别的什么人的时候，都应该关注其实际的举措，听其言而观其行，从而判断这个人是否可信。只有这样，我们才能检验其预测是否准确。

不仅如此，我们还需要考察“小人”（也就是将自身利益置于首位之人）的言辞具有哪些特点。譬如一位政客可能会声称：科学研究表明，大麻可被用于治疗癌症，因此大麻的使用应该被合法化。如果大麻真的能够具备相应的疗效，那么固然叫人欣喜，可如果那位政客其实是别有用心呢？如果他的专家顾问告诉他巧克力才是神丹妙药呢？假如这个政客受到了糖果企业的赞助，并

> 君子喻于义，小人喻于利。
>
> ——孔子，《论语·里仁》

且这个企业还资助了癌症的研究项目的话，那么他看起来就不那么“君子”了。

面对现实

言行高尚确实很好，**马基雅维里**会这样回应孔子。可是，在政治、外交与商业的世界，高尚并不能成为一个人的通行证。我们确实应该看重说话者的实际行为，但是孔老夫子只说对了一半。这是因为我们其实都知道这些人擅长故弄玄虚：为了得到我们的支持，他们的话听起来总像甜言蜜语。然而，在马基雅维里看来，这并不见得是件坏事。一个成功的政客总是精熟于劝说他人的论证技巧，而这对于其支持者来说也是有利的。政治与外交的世界并不如你想象中的那么彬彬有礼、是非分明。这种情况下，若是你的盟友中有一个狡猾的角色，那么他将会成为巨大的助力。不仅如此，他可能比一般的选民对于时局有着更清晰的洞察。但他若是想要实施一些举措，就必须借助于权威的话语。因此他会借所谓专业人士之口，许诺给民众一个美好的未来。如此一来，问题的关键就不在于我们究竟是否相信那些预测或承诺，而在于我们是否相信这个人能够有所作为。

休谟则会带领我们从另一种不同的角度来看待“未来分析”这门产业。尽管我们都知道休谟以其怀疑论的态度而著名（政客言辞背后的用心也难逃其法眼），但是休谟本人其实对这些“预言家”抱有一定的同情。这并不是说休谟完全不会对其进行批判，恰恰相反，休谟要批判的是一切具有预言性质的论断。

其中的一个问题是，休谟说，人们总是倾向于不借助理性的思考就默认了事物间的因果联系。假如我们每次吃完一种蘑菇之

> 相较于武力，狡诈奸猾总是更容易让人获得巨大的财富。
>
> ——尼科洛·马基雅维里

后都伴随着强烈的恶心感，那么我们肯定会认为是这种蘑菇造成了我们的不适。并且，由于我们已经十分熟悉这个“吃蘑菇就会难受”的过程，我们便预测自己以后吃这种蘑菇的时候也会产生同样的结果。

休谟同意这是我们取得常识的方式，但这种方式并不是理性的。仅仅是因为每当A发生后B也发生，并不足以证明A是B的起因。让我们换个例子吧。假如你有起床困难症，所以给自己定了两个闹钟。其中一个是准的，而另一个则慢了几分钟。到了早晨，第一个闹钟先响，随后便是第二个闹钟响起，每天如此。那么你的常识是否会告诉你，是第一个闹钟导致了第二个闹钟响起呢？当然不会。

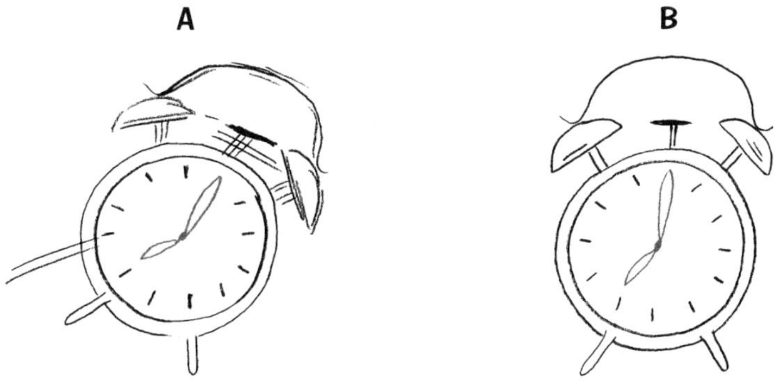

两个闹钟都被设置在了7点响铃。A闹钟到点准时响起，而B闹钟的指针并没有与A闹钟同步，它响得迟了一些。所以，每天早上都会出现这样的情况：A闹钟先响，随后是B闹钟响。难道A闹钟就是B闹钟响起的原因吗？

习俗是人类生活的伟大向导。
——大卫·休谟

在这里，唯一能导致我们认为是蘑菇造成了我们身体不适的证据，就是休谟所说的两个事件之间的“恒常连接”（constant conjunction）。但正如我们在上述那个闹钟的例子中提到的那样，仅凭它来妄下结论并不可取。然而，我们的生活中恰恰充斥着这类论断，且在大多数的情况下都得到了应验。这也就解释了为什么当科学家告诉你“二氧化碳会造成全球变暖”以及“若不停止使用化石燃料就会导致灾难性的气候变异”的时候，我们总是深信不疑。

进一步来看，问题在于我们总是在事实经验的基础之上建立我们的预测。我们越是看到一个事件B紧接着另一个事件A发生，就越是会认为B是A的结果。每次我靠近小猫的时候，我都会打喷嚏，所以我就认为自己对猫过敏。如果上述事件链只发生了一次，那么其中的因果关系就不那么明显。假如一个左翼政党在鲁里坦尼亚王国当选，而次日该国就爆发了经济危机，在这种情况下，我们很难断言该政党的当选直接造成了经济危机，因为这里缺少“恒常连接”。我们之所以预测X将要发生，是因为默认了Y是X的起因，所以当Y发生的时候，肯定会伴随着X这一结果。只要你接受Y会导致X这一前提，那么上述论证便合情合理。而之所以我们相信“Y会导致X”，仅仅是因为这一现象（在我们认知能力范围内）时常发生。这其中当然有可能存在例外，只是这个例外不为人知。

如果这听上去似乎有些模棱两可，那么休谟会向你表示歉意。毕竟，就连休谟自己也深陷于常识与理性思考的张力之中。我们习惯于认为（我们的常识也这样告诉我们）数往能够知来（休谟将“往”称作“习俗”），但是我们也必须仔细审查我们用以得出结论的依据，并且在妄下定论之前理性地评估其可能性。要记住，专业人士有时也会因为同样的疏忽而犯下大错。

抉择时刻

我们究竟能否指望那些政客及其幕僚为人处事刚正不阿呢？如果你的回答与孔子一样是肯定的，那么接下来你的任务就是翻阅他们的档案，看看哪些人是伪君子。如果你是一个愤世嫉俗的人，那么你或许会更加赞同马基雅维里，认为政治与外交中充斥着暗箱操作，只要能达到目的，便可以不择手段。又或者，你像休谟一样，对那些所谓专家持一种宽容的态度：他们的预测永远不能达到准确的知识，我们只能依靠我们的常识。

怎么才能让政府听到我的声音？

马克思 ‖ 伏尔泰 ‖ 梭罗 ‖ 卢梭

民主？你在开玩笑吧。每隔几年，你就可以在选票上留下自己的印记，但也仅仅是印记而已。在其余的大部分时间里，政府总是为所欲为，做出各种不公平、危险乃至疯狂的行径。而你呢，只能对着电视和手机大喊大叫，或者在看报纸的时候被早餐噎到。他们所做的决定影响了数百万人的生活——发动战争、破坏环境、挥霍资金……而你却无能为力。还是说，其实你具备改变这一切的能力？

不少哲学家会告诉你，对政府的作为表示异议是件好事。实际上，几乎所有哲学家都曾挑战过既有的真理或权威，他们中的一些人（例如苏格拉底）甚至因此付出了生命的代价。然而，一旦牵涉到政见的表达或者实际的行动，这些哲学家便无可奉告了。毕竟，正如**卡尔·马克思**（我们稍后还会提到他）所说："哲学家们只是以各种方式解释了这个世界，而问题在于改变世界。"

基本哲学问题

我们是否有权反抗我们的政府？公民对于政府的不服从是否具有其正当性？如果是暴力反抗又如何呢？

话虽如此，我们还是先从这样一个言郁于胸而不得发的人开始吧，他就是言论自由权的坚决拥护者：**伏尔泰**（Voltaire，1694—1778）。尽管他从未真正说过下面这句话，但这确实是他的基本信念："我可能会不认同你的见解，但我会誓死捍卫你说话的权利。"

不过，这并不意味着伏尔泰会认同

你继续对着每日新闻唉声叹气。虽然抱怨几句可能会帮助你释放压力，但这在根本上无济于事。伏尔泰对话语的力量有一种狂热的信仰（尤其是书面语言），他相信语言能够改变世界。与其对着电视机发牢骚，不如把你的想法落到纸上，写成书和文章，或者开通一个公众号，在上面公开发表自己的意见。你也可以争取新闻（出版）自由，配备上合适的调查记者，来揭露当局的缺点和腐败。当然，这肯定会惹恼他们，但是对你而言，这无疑比单纯的情绪宣泄更大快人心。不仅如此，你的举措可能会如滚雪球般在推进的过程中不断获得新的动力，最终甚至能够掀起一场抗议运动，从而影响舆论、促成改革。

民众的反抗

然而，我们并不都像伏尔泰那样充满自信，或者说我们并不都

在当权者们犯错的地方秉持正确的立场是很危险的。

——伏尔泰

像伏尔泰那样精于言辞。不必担心，**梭罗**说，你仍然可以吸引当权者们的注意。他会向你讲述自己当年如何在他那远离尘嚣的新英格兰地区的小屋中成为舆论的焦点，并将政府置于窘境。而梭罗本人则成天无所事事，或者说，他并没有什么特别的作为。梭罗只是没有支付他认为不正当的税款（这笔钱旨在资助美墨战争）。梭罗认为，尽管公民拒缴税款违背了土地法（更何况他的行为还引起了媒体的骚动），但是，在土地法之上还有他所遵循的道德律存在。

法律是由政府制定的，因此并不总是完美的。事实上，梭罗会说，许多法律都是不正当的，并且与一个体面的人的道德准则相矛盾。告诉政府你不同意他们的所作所为毫无用处，你必须向政府（以及公众）展示自己对现有法律的看法，揭露其不公正与不道德。在不违反自己的道德准则的情况下，你可以象征性地违反法律以表抗议。罗莎·帕克斯仅仅因为坐在了公共汽车的白人专座上就激起了一场种族革命。非暴力不合作也是一种方法，看看甘地所取得的成就吧。

直接行动

如果梭罗激起了你抗击权威的欲望，那么你可能会接着考虑一种更为积极的抵抗形式。我们如果履行梭罗的格言，即不要在自己的原则面前妥协，就必定会触犯到法律。但你也可以采取一些更为直接的行动（而不是简单地不守法）：你可以在树屋中居住，以此来阻止推土机对森林的破坏。

等等，如果真的这么做，我们岂不是在远离梭罗式的消极抗争吗？梭罗承认，自己并不会采取这么直截了当的方法，但他无疑也会赞赏那些挑战（不正当）法律的行为。只不过，如果你欲求一种更加积极的斗争方式，最好另寻高明。

这时，我们便回到了马克思那里。他与梭罗是同代人，视糟糕的法律和败坏的政府如粪土，并且尤其仇视资本主义的不道德行径。此外，正如前面提到的，马克思并不满足于发表意见，他还坚信我们身负改变世界的责任。如果说梭罗是一个内敛的书斋学者，那么马克思就是一个火热的、疾恶如仇的街头斗士。如果你真的对目前的政府恨之入骨，那么他可能是你理想的哲学顾问。

在动荡的19世纪初，也就是法国大革命与美国独立战争（这两次革命着实引起了当权者的关注）之后不久，马克思形成了他的观点。他同意**卢梭**（他与法国的另一位激进思想家伏尔泰是同时代人）的观点，认为政府乃至整个社会体系都在为权贵阶级服务。所谓公民社会并没有给我们自由，恰恰相反，它为底层的劳动者戴上了枷锁。如此一来，改革几乎成了天方夜谭。

幸运的是，马克思不乏应对策略。虽然梭罗的本意没有错，但是一个连税金都不肯缴的人怎么能够让政府屈服呢？因此，必须推进群众革命。这意味着对人民进行宣传和教育，提高人们对所处形势的意识。是的，就像伏尔泰说的那样，写点小册子、张贴一些海报、发几条微博，但不要针对政府：你要面向人民，唤起他们胸中的愤慨之情。千万不要小瞧工人的力量，他们并非徒有虚名。团结起来，工人们就可以挣脱枷锁，并给他们的雇主和政府带来经济上的压力。

> 仅仅这种反革命的残酷野蛮行为就足以使人民相信，只有一个方法可以缩短、减少和限制旧社会的凶猛的垂死挣扎和新社会诞生的流血痛苦，这个方法就是实行革命的恐怖。
>
> ——卡尔·马克思

马克思不得不承认的问题是，政府总是会使用一些不正当的手段。为了镇压革命运动，他们不惜诉诸暴力。因此，我们必须从全局出发。我们也许可以采取一种马基雅维里式的方法：用结果来证明手段的正当性。毕竟，就连梭罗也说过，如果法律不正当，那么我们违反法律就成了我们的道德义务。

那些当权者显然不会心甘情愿地放弃他们的权力，所以必须从他们那里夺权，必要时甚至需要采取暴力的手段。由于人民的声音长久以来备受压抑，他们为变革而进行的斗争（阶级斗争）已然成为一场正义的战争。你如果不能接受暴力的抗争，那就只能继续向着电视挥拳头，对着手机咆哮。

抉择时刻

比起单纯的抱怨，你更希望自己的呼声为人所闻，自己的意见得到认可。你可以听从伏尔泰的建议，确保自己的观点得以公开，并支持新闻自由。或者，你可能想更进一步，像梭罗一样，通过一些建设性的反对措施和非暴力的直接行动来表达你的不满。如果政府的所作所为真的让人民忍无可忍，那就有可能会像卢梭和马克思提议的，掀起一场推翻它的革命。

我应该追求更多自由，还是更多安全？

霍布斯 ‖ 洛克 ‖ 密尔 ‖ 加缪 ‖ 福柯

你只要翻一翻今日头条就明白了：犯罪事件层出不穷，而我们则生活在对恐怖袭击的持续恐惧之中。我们所居住的乡镇或城市（特别是到了晚上）到处都是不能去的地方。就在前不久还发生了一起入室盗窃，还有一些报道声称这其实是伴随着强奸的行凶抢劫。街上又总是有成群的小混混在游荡，如此看来，独自一个人到哪里都不安全。我们的整个社会都失控了，但是没有一个人愿意站出来做点什么。法律和秩序难道只是徒有虚名吗？

事实确实叫人难受，但我们并不能杜绝犯罪，过去不行，现在和将来亦是如此，而人们总是将希望寄托于政府。这并不是说人们的期望不合理，毕竟，政府的首要职能就是保护人民的安全。问题在于，政府如何在履行其职能的同时不异化为专制或暴政？这是政治争论的永恒主题，尤其是在大选期间，这个问题会显得尤为重要。总有一派声称自己旨在维护法律和秩序却被谴责为滥用职权，也总有一派表明自己是自由的捍卫者却被指责执法不严。

因此，我们也不难设想哲学家们会像政客们一样分裂为不同的派别。每一方都认为自己对自由与安全的调和有着独到的见解。首先站在专制主义

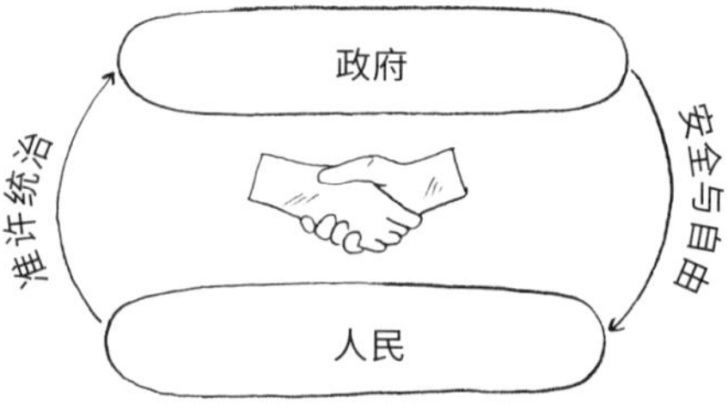

在社会契约中，人民将统治权交予政府，但相应地，政府也必须保障人民的安全与自由

阵营的是**霍布斯**，带着他对于人性的“偏见”，霍布斯瞄了一眼今日头条之后会反过来问：“你还想指望些什么呢?”只要让这帮家伙放任自流，出点乱子也不奇怪，更何况他们甚至可以逃避责罚，因此这帮人就在你的街区里无法无天。你如果觉得不能再对此置之不理，那么就得授权一部分人来采取行动——这就是政府的由来。

在霍布斯那里，唯一能够维护秩序或保证公民安全的方法就是法治。没有了法律，社会就会陷入无政府状态，到了那个时候，每个人都将成为自私自利、贪婪与暴力的受害者。所以人们才会建立政府、警察机关和司法体系，分别用来颁布法律禁止犯罪行为、执法和确保犯罪者受到惩处。你将权力交付给上述机构并因此得到保护，交出的越多就越安全。

安全的代价就是放弃一部分自由。在霍布斯看来，这一部分自由的舍弃并不是什么特别高昂的代价。在强有力的领导体系（霍布斯更喜欢“专制”这种说法）下，你可以放心大胆地走出家门，因为你知道法律能够被严格地贯彻，并防止为非作歹的人出现在你的街区里。相应地，你也要容忍警察执法时对你的干预以及隐私权的部分缺失，比如你得接受警方对你的往来信件和网络动态的监视。你甚至必须要忍受一些叫人不自在的法律，比如根据要求提供身份信息或是被禁止参与某些组织活动。不过俗话说得好：平生不做亏心事，半夜不怕鬼敲门。

安全与自由

说到这里，**洛克**发现有些不对劲了。我们与政府达成的协议，也就是“社会契约”，无疑是为了保护我们的财产以及自由。因此，我们不应该就这样白白地放弃我们的主权并交之于政府，还让他们规定我们什么该做什么不该做。政府应当是人民的仆人，而不能反仆为主。与此同时，司法体系还需要由中立者监督，以此来确保公正得到了落实。政府与人民之间并不是简单的双向关系——政府只有在得到人民的许可后才具有合法的行政权。只有这样，我们才可以指望自己的生存权、自由权和财产权能够得到保障，与此同时获得安全感与自由感。自由与安全并非格格不入，我们当然希望政府能够以保障我们自由的方式来维护我们的安全。这样，我们就不仅能放心大胆地走出家门而不受侵害，也不必担心自己总是处于监视之下。

洛克认为，上述的政体更能促进社会中成员的团结，因为其中的每个人都与整体有着紧密的利害关系。通过公正的社会契约，我们就能建立起一个所有公民都和睦相处且每一个人的权利都能得到尊重的社会，如此一来，人们也就没有理由去犯罪了。犯罪问题就能因此从根源上得到遏制，而不再拘泥于具体的犯罪行为。

另外还要注意一点，洛克补充道，任何违法乱纪者都将自动退出社会契约并被剥夺一切相关权利。为了避免此类行为的发生，洛克建议我们彻底摧毁那些扰乱纲纪的人，“就像摧毁一头狮子或老虎，或是一切阻碍人们建立一个安全共同体的凶残野兽那样”。换句话说，洛克处理犯罪的态度与美国总统西奥多·罗斯福的对外政策有异曲同工之处：温言在口，大棒在手。

> 法律的目的并非废除和限制自由，而是保障与拓宽自由。
>
> ——约翰·洛克

说到底，在任何情况下给任何人以任何权利都是有风险的。洛克也意识到了，尽管权利必不可少，但是也要分配得当。对此，**密尔**表示深有同感，他认为我们的自由容不得半点威胁。在密尔看来，所有道德和政治哲学都建立在这样一个根本原则之上，即：只要一个人不伤害他人或侵犯他人的自由，那么他/她就有权做其想做的任何事。就拿你的例子来说，密尔认为你在街上自由行走的权利已经受到了侵犯，也就是说，你不能做你想做的事了。很好，密尔说，既然你的权益受到了损害，那么错就错在那些相关的责任者——那些罪犯、恐怖分子和那帮勒索偷窃的小混混。

但现在的问题是我们应该如何处置他们。把他们关进大牢无疑会触犯他们的人身自由，更何况，任何一种形式的惩罚可能都会“对他们造成伤害”，这么说来，就连惩罚他们也是不道德的吗？对他们的惩罚是否会构成政府、警方与司法体系对权力的滥用？这些机构是否会因此关门大吉呢？不，密尔说，只要在之前的根本原则上再附加一项要求即可：如果是出于避免一个人伤害他人的目的，那么违背这个人的意愿对其行使相应的职权在道德上是可行的。所以，要是你看见有警察来拘捕你所住的街区里的可疑

基本哲学问题

自由与安全，究竟哪一者更为重要？我们到底打算将多少权力上交给政府呢？

分子（经调查，这个人曾劫掠过这条街区上的每一栋房子）的话，也没必要感到不适。不过看起来这句话是多此一举了。

公正还是自由

密尔的一番话听上去着实在理，也如同英式下午茶一般颇具大不列颠的特色。不过，要是你想来点更具激情的哲学分析的话，我们不妨咨询几位法国人，就从**加缪**开始吧。不过丑话说在前头，你可别指望加缪能抚慰你那受伤的心灵，毕竟，人家可是大名鼎鼎的虚无主义哲学家。与此同时，当加缪称赞霍布斯所谓“公正意味着放弃一部分自由”一语破的的时候也确实言之有理。只不过，加缪将其发展到了一个极端，他认为上述表达意味着，绝对的公正要求禁止一切矛盾，因此也就必然会反对一切形式的自由。同样的道理，绝对的自由只会把公正当作笑柄。鱼与熊掌，不可兼得。想要在自由与安全之间求得平衡简直比登天还难，现实中我们只能在二者之间不断摇摆。然而更大的威胁或许在于，人民的安全总是被拿来当作暴政与专制的借口——只要以人民的安全为旗号，独裁者们就能将自己打扮得分外真诚。

最后，让我们来看看**福柯**会怎么做吧。和加缪一样，福柯认为你对安全的诉求被这些不法之徒践踏了，但是福柯认为我们并不能完全将其归咎于一个独裁者的暴政，事实上，是一种类似的东西在潜移默化地发挥作用。来自罪犯和恐怖分子的威胁尽管确确实实存在，但其实是被夸张化了的，你的恐惧更多来自你自身对他们的理解而非实质性的危险，因为有人希望你觉得自己的人身安全无时无刻不在受到威胁，他们想要在你心里埋下恐惧的种子，这样一来你就会心甘情愿地把权力交付给他们并任由他们支配整个社会。这不仅仅限于一个独裁者或是一个政府的权力集团，甚至整个权力体系（包括媒体以及统治势力下的一切从属机构）都参与其中。

福柯警示我们，在上述统治势力下没有完全的自由可言：因其本质具有“自我延续性”（self-perpetuating），它就可以制造出更多的威胁让人丧失安全感，从而巩固自身的统治。这种统治手段屡见不鲜，它通过改变我们看待世界的态度来潜移默化地作用于我们。而我们力所能及的，就是努力去识破其真面目并质疑统治势力灌输给我们的恐惧。如果你胆子够大，福柯说，不妨踏出家门看看自己到底会不会遇害——你极有可能毫发无损。

抉择时刻

你是否会像霍布斯那样认为政府的职能就是维护法律与秩序？还是说你更认同洛克和密尔，觉得是人们将权力交付给政府，令其保障我们的自由？这就引出了加缪的疑问：为了公正，我们究竟愿意牺牲多少自由？我们是否能够为了安全而忍受独裁者的暴政或警察国家的监控？这时你可能会觉得福柯言之在理：政府在与媒体联手煽动人们的恐惧心理，从而加强自身的统治。

为何当我经过一个乞丐时内心充满愧疚？

马克思 ‖ 辛格

你正在街上走着，也许还有点着急，就在这时你看见一个乞丐正坐在街边某户人家门前的台阶上。此时此刻，你的第一反应是什么呢？同情？不，是愧疚。紧接着，你要么往她的碗里扔一枚硬币，要么索性回避她的目光接着赶路。与此同时，为了安抚你内心中的罪恶感，你告诉自己：这个乞丐或许会把旁人的施舍拿去酗酒或嗑药，或许是她自己选择了乞讨这种生活方式——而并非为生计所迫。不管怎么说，你还是会时不时地做些慈善，可那股罪恶感始终挥之不去……

这可能是因为在大多数文化中，“扶助弱势群体”这一社会责任都根深蒂固。与此同时，几乎每一种宗教也都在强调救济贫弱的义务。因此，人们理所当然地将其作为一种道德责任并不是一件稀奇的事。当然，这些宗教律令的起源远远早于现代的福利机制或社会保障，然而二者背后的理念是一脉相承的：我们会因未给予乞丐施舍而心生罪恶感。

基本哲学问题

我们是否具有帮助比我们不幸的人的道德义务？救济究竟是共同体的、个体的，还是二者双方的责任？

在**马克思**看来，乞丐曾经是一个世界范围的普遍现象，但是随着资本在发达国家的不断积累，贫困人口日益向那些最贫困的国家集中。这是因为我们逼迫这些相对落后的国家积累贫困。比起内疚，马克思认为你更应该感到愤怒并将这股愤怒付诸行动。你注意到

> 给贫穷的人施舍，我恳求、我劝告、我指使、我要求你们这么做。
>
> ——希波的奥古斯丁

了一部分人的贫困，可是再看看你周围那些不断积累的财富吧！政府本应当保证国家内财富的合理分配，也就是说，根据每个人的能力和需要进行分配，只有这样人人才都能享有一定的财富，从而不至于沦落到沿街乞讨或依靠救济的境地，事实上，在一个体面的社会，福利是不必要的。马克思会告诉你，在他生活的年代，政府在公平分配这个问题上只是空谈：他们将流落街头的乞丐赶进工厂，迫使他们成为被奴役的生产力，与此同时，那些自命不凡的慈善家还在因其对穷人的施舍而自鸣得意，并获得了大量的赞美与荣誉。但是，这些慈善家捐赠多少全凭他们自己的意愿，因此他们并不能给出适当的财产来帮助国家去救济那些最需要救助的群体。而在今天，情况也丝毫没有好转：即便是在最富裕的国家也依旧存在着大量流浪汉、乞丐以及在血汗工厂劳动的工人。

你也许会赞同马克思，认为国家应当为社会中那些最需要帮助的人负责。你当然也可以不赞同他的观点，认为政府应当鼓励那些富人去承担慈善工作。但是。由谁来解决贫困问题并不重要，重要的是，整个资本主义系统已经出现了问题，这似乎印证了耶稣基督的那句话：“常有穷人和你们同在。”那么，当你不得不直面剥削的问题时，你会怎么做呢？难道我们应该耸耸肩，推脱掉一切责任然后扬长而去吗？

一味逃避显然是行不通的。如果你求助于**彼得·辛格**，他会让你设想一种相当不同的境况来确定个体的道德义务。辛格会让你想象自己正走在池塘边，此时，你看见一个孩子落水了。如果池塘水深仅仅及腰，你会怎么做呢？当然是二话不说蹚过水去救她了。可是你今天偏偏穿了一双十分昂贵的新鞋！危急时刻，已经顾不得脱鞋了，所以你还是下到了水里。鞋子有没有被弄脏已经不重要了，毕竟它与孩子的生命比起来不足挂齿。那么，如果当时有其他人在场会影响你的行为吗？比如，当时边上恰好有一个警察？你会就此走过，期望旁人对那个孩子施救吗？不管怎么说，救人可是警察的工作呀。尽管如此，你很有可能还是会下水救人。可要是有人在你心里播下怀疑的种子，告诉你那个孩子不过是想要哗众取宠而假装落水，你又该怎么办呢？

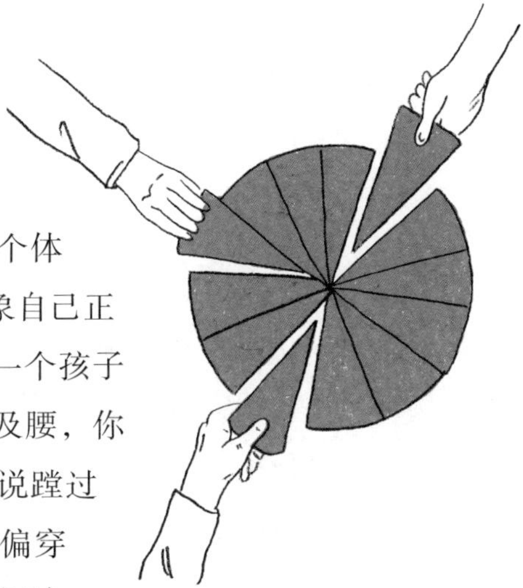
即便有足够的资源供给所有人，但他们并不会平均分配

在上述的几乎每一种情况下，你都会下水去救那个孩子。然

我们每天的行为都反映了我们的伦理判断。

——彼得·辛格

> 在一个正义的世界里不会有“慈善”的可能性。
>
> ——伯特兰·罗素

而，假如这个时候辛格告诉你，在一个遥远的国家有一个孩子落水了，并且有一个慈善机构能够对这个孩子施以援手，只不过，这个机构需要金钱的资助，在这种情况下，你会捐出一笔买新鞋的钱来拯救这个孩子的性命吗？还是说，你认为慈善机构的活跃反而让政府可以借此来逃避本应属于他们的救济责任？可要是政府真的没有采取任何举措的话，你不应该尽你所能地支持这些慈善机构吗？

要是有人对你说，由于政府不明智的计划与官僚主义作风，你那笔本应拿去捐助慈善机构的赋税被糟蹋，甚至被一些腐败的官员私吞了，那么在你控诉政府运转不周之前，你得先问问自己对以上陈述的真实性究竟有几分把握。

不管怎么说，你的赋税只是一笔小钱。如果你周围的每一个人都缴了他们应缴的税额，那么你们的社区里也就不会有让你内心充满愧疚的乞丐了。

现在，辛格会让我们回到乞丐的问题上。看看这个乞丐，再想想那个落水的孩子，其实你可以省下一杯奶茶的钱来接济她。事实上，要你省下一双鞋的钱也并非难事，而这笔钱对她来说将是莫大的帮助。虽然你不清楚她到底是伪装成乞丐，还是单纯地不想工作，但是就算她拿了你的施舍去抽烟喝酒又能怎么样呢？是否有更富有的人能向她施以援手以及她是否被社会抛弃都不重要，因为尽你所能地帮助他人是你个人的道德义务。还是说，你觉得这是其他什么人的责任？

抉择时刻

你之所以感到愧疚，是因为觉得这个乞丐被你所身处的社会遗弃了。问题在于你是认同马克思的观点，觉得整个社会应当保证没有人会流落街头，还是认为社会救济应当是慈善机构或慈善家的事情。你也可能支持辛格，认为尽己之所能帮助他人（给乞丐施舍，或是资助救济组织）是每个个体的责任。

凭什么全部的家务都得女人来做?

尼采 ‖ 苏格拉底 ‖ 德古热 ‖ 沃斯通克拉夫特 ‖ 密尔 ‖ 泰勒 ‖ 波伏瓦 ‖ 安德森 ‖ 福柯

任何一个与异性伴侣共同生活过的人都知道,性别战争其实并不是在街头,甚至也不是在办公室里打响的,真正的战场在家庭内部。尽管在传统文化中,男人都将家务视为女人的责任,但如今越来越多的女性都在指责这种安排的不公平。也就是说,那套男主外女主内的陈词滥调,如今已经站不住脚了。问题已经不仅仅是:这样的分配是否平等?同时也是:一家之主的位子应该由谁来坐呢?

乍一看,这无非是一个关乎不平等的问题。家庭中总有许许多多的事情需要我们去操劳,然而,夫妻之间责任的分配并不总是均等的。现如今,在外工作的女性几乎与男性一样多,如此一来,男性就不能再以外出挣钱为借口来推脱掉家务活了。要是有哲学家对此表示异议的话,那他一定是一个既不正常又胆大包天的家伙。然而,上述这些只是我们时代的普遍观念,在20世纪以前,你得费好大力气才能勉强找到一位女性哲学家,并且在那时,大部分杰出的(男性)哲学家并不太重视女性的存在——女性通常只会被跟家务与娱

乐联系在一起。**尼采**在《查拉图斯特拉如是说》中总结了以往的哲学对于女性的通常态度：女人不过是男人的玩伴，其立足之处若不是在卧室，便是在厨房。唯一一个在家庭主权上有所退缩的哲学家，应该就是**苏格拉底**了。不过，他的退让并非出于哲学的深思，而是因为他的妻子赞西佩过于彪悍（相传她曾将夜壶倒扣在苏格拉底的头上）。而对于其他哲学家来说，女人的存在无非就是为了满足男人的需求、保障男人的舒适以及打扫男人的房子。在他们看来，要自己降下身位去干那些低贱的事情简直匪夷所思，更何况女人并没有能力，也不值得去干那些取悦与服侍男人以外的事。

态度的转变

在历史上的大部分时期，女性并没有被当作次级公民看待，毋宁说，女性根本就没有被当作公民看待。但是情况在启蒙运动时期（也就是人们所谓“理性时代”）发生了转变。尤其在法国大革命以后，人们开始谈论公民的权利，在此期间，一些勇敢的女性也站了出来，为女人的权利发声。尽管并没有明言，但是**奥兰普·德古热**（Olympe de Gouges，1748—1793）与其《女权和女公民权宣言》（*Declaration of the Rights of Women and the Female Citizen*），**玛丽·沃斯通克拉夫特**（Mary Wollstonecraft，1759—1797）与其

苏格拉底的故事告诉我们，男人并不总是一家之主

《为女权辩护》(*Vindication of the Rights of Women*)注定会坚决支持女性拥有与男性同等的外出工作权，以及回到家后看见自己的伴侣将家里收拾得井井有条的权利。若是考虑到她们的性别，那这也是意料之中的。

但更为有趣的还是维多利亚中期的英国家庭关系，从**密尔**与其妻子**哈丽特·泰勒**(Harriet Taylor，1807—1858)那里，我们可以看到性别观念发生了什么样的变化。作为一个充满激情的女权拥护者，比起被束缚在厨房的洗碗槽前，泰勒更希望开拓自己的职业生涯。不过有趣的是，她的丈夫密尔也乐于顺从她的意愿。密尔尽管作为一位体贴的英国绅士和当时英国的顶尖哲学家而为人所熟知，但同时也是一位男女平权的拥护者。密尔甚至曾向议会提出议案，试图争取女性的选举权。在其《妇女的屈从地位》(*The Subjection of Women*)一文中，密尔清楚地阐明了他对于“女性应当屈从于男性”这一观念的看法。

当女性主义运动伴随着对于妇女选举权的争取而初露锋芒的时候，女性们的呼声也进入了公众视野。在某种意义上，男女在居家方面的地位因此被忽略了。先别去管谁应该做家务这种小事了，女性主义者们会这么说，不如先想想谁来治理国家这样的大问题吧。然而，当女性对公民权的斗争以胜利告终之时，随着第二次女性主义运动的到来，战线已经被扩展至了生活的各个领

基本哲学问题

男人和女人是否真的拥有相同的权利？性别平等除了司法权平等以外，还存在其他议题吗？人们一般通过什么方式对他人施加权力。

域。这一次，女性们不仅要求作为公民的平等，同时也要求在工作场合以及在家庭中的平等。深受**波伏瓦**所著的《第二性》（*The Second Sex*）影响，当时的女性主义者们列举出了诸多女性尚处于压迫之中的领域。如此一来，她们在家庭事务上的立场也就不言而喻了。与此同时，男性也不得不开始重视女性的权利：以往的大男子主义已经渐渐失去了地位，取而代之的是一种“新男性”（在20世纪下半叶出现的男性女权主义者），他们系上围裙，挥舞着吸尘器，并且乐在其中。

男人的世界

虽然女权运动在轰轰烈烈地进行，但是事实证明，女性（相较于男性而言）仍然在受到不公正的对待。男性的统治地位如此难以撼动，以至于这种思想仍旧遍布在我们生活的各个领域，甚至根植于我们对世界的认识之中。正如美国的女性哲学家**伊丽莎白·S. 安德森**（Elizabeth S. Anderson，1959— ）所言，这些观念“反映出一种服务于男性利益或男性生活的导向”（她或许是在暗指家务？）。

但是，安德森所要提及的是远比家务乃至于性别间的压迫更深远的东西。法国学者**福柯**同样也会关注诸如家务的分配这样看似微不足道的问题，而且福柯会告诉你，这背后并不只是单纯的

> 我们不可能完全从强权中获得解放，尤其是当这种强权关乎性别政治的时候。
>
> ——朱迪丝·巴特勒

家庭主权问题，甚至也不是性别冲突，真正的问题关乎权力的本质。在福柯看来，权力并不是某人的所有物，也不是可以被夺走或转让的东西，权力之所以存在，就在于权力被行使的方式。权力并不是单纯强迫他人以特定的方式去行动，这种统治只会招来反抗。事实上，权力只在极少数的情况下是单方面的强制，在更多的情况下，冲突是隐匿的，冲突中胜利的一方便是支配的一方。

紧接着你会问，福柯口中的“支配”又是什么意思？这么说吧，福柯所说的“支配”是一种统治与服从的形式，但这种观念蕴含着：统治的一方已经得到了服从一方的默许（被动的准许）。家务琐事便是这种权力机制的缩影。长久以来，男性将权力施加于女性之上，这种权力的外显可以表现为将女性束缚于家庭之中进行家务劳动，同时也可以隐含地表现为否定女性具有外出工作或独立生活的能力，并将其视为基本的文明规则。

在进行了长期的规定与约束后，女性就会自然地将整理、清扫、洗衣服、购物与做饭等看作自己身为女人的责任。在这种支配方式下，强制就显得毫无必要了。

时过境迁，随着越来越多的女性打破了旧有陈规，如今女人也能够向她们的异性伴侣施加规定。当然，这并不意味着男人们会束手就擒，他们也可以通过拒绝劳动的方式来拒绝来自女人的

上帝创造了女人。从那一刻起，无聊的确终止了——但许多其他的东西也终止了！女人是上帝的第二个错误。

——弗里德里希·尼采

压制。不过我们还是可以设想这样一种规训方式：一个男人回到家，面对脏乱的房间、一大堆未洗的衣物和空荡荡的餐桌或许会心生愧疚，然后就开始做属于他的那份家务。有一就有二，从此以后，做家务对他而言就会成为一种自然的义务。

抉择时刻

当然，你如何看待这个问题很大程度上取决于你的性别……大部分的哲学家都是男性，因此他们更倾向于认同尼采所说的：女性的存在是为了满足男性的需求。不过，我们也不能排除苏格拉底这样的例外，密尔就更不必说了，他们也许会要求家务责任的平等分配。你如果是女性，那么就肯定会与奥兰普·德古热、玛丽·沃斯通克拉夫特、哈丽特·泰勒、波伏瓦、安德森以及其他女性主义哲学家心心相印，认为男性在家庭事务上也应当尽职尽责，同时女性不应当再属于屈从的那一方。你无论是男性还是女性，都可能会认同福柯所说的：家庭事务的分工不过是体现了一种权力对另一种权力的支配。

西蒙娜·德·波伏瓦